Moć Boga

*Otkako je svijeta
nije se čulo
da je tko otvorio oči
rođenom slijepcu.
Kad on ne bi bio od Boga
Ne bi mogao ništa činiti.
(Po Ivanu 9:32-33)*

Moć Boga

Dr. Jaerock Lee

Moć Boga - Dr. Jaerock Lee
Nakladnik: Urim Books (Predstavnik: Johnny. H.Kim)
235-3, Guro-dong 3, Guro-gu, Seoul, Koreja
www.urimbooks.com

Sva prava pridržana. Ni ova knjiga, niti njezini dijelovi ne smiju se reproducirati niti u bilo kojem obliku, pohranjivati na računalni sustav elektroničkim, mehaničkim putom, fotokopiranjem, bez prethodnog pisanog odobrenja izdavača.

Osim ako nije drukčije naznačeno, svi citati iz Svetog pisma preuzeti su iz Biblije Kršćanske sadašnjosti, Zagreb, 2008. ®, autorska prava © prvo izdanje u vlastitoj nakladi izdavača Kršćanska sadašnjost, Zagreb, 2008. Odobreno korištenje. Korišteno s dopuštenjem.

Copyright © 2009. Dr. Jaerock Lee
ISBN: 979-11-263-1203-0 03230
Autorska prava na prijevod©2005. Dr. Esther K. Chung. Korišteno s dopuštenjem.

Prethodno na korejskom objavio 2004. Urim Books

Prvi put objavljeno u rujan 2005.
Drugo izdanje kolovoz 2009.

Urednica: Dr. Geumsun Vin
Dizajn: Urim Books
Za više informacija obratite nam se na: urimbook@hotmail.com

Uvod

Molim se da sa moći Boga Stvoritelja i evanđeljem o Isusu Kristu, mnogi ljudi iskuse vatrena djela Duha Svetog...

Dajem svu hvalu Bogu Ocu, koji nas je blagoslovio da izdamo jedinstvo djelo poruke iz jedanaestog Dvotjednog Specijalnog Susret Oživljavanja koji se održao u svibnju 2003 - održan pod temom "Moć" - na kojoj su mnoga svjedočanstva veoma slavila Boga.

Od 1993. ubrzo nakon desete obljetnice osnutka, Bog je počeo njegovati članove Manmin Centrale Crkve da imaju pravu vjeru i postanu duhovni ljudi kroz godišnji Dvotjedni Specijalni Susret Oživljavanja.

Pod temom Susreta Oživljavanja 1999. "Bog je Ljubav", On je dozvolio iskušenja blagoslova tako da članovi Manmin crkve će shvatiti značajnost pravog evanđelja, ostvariti zakon u ljubavi, i sličiti našem Gospodu koji je prikazao čudesnu moć.

U zoru novog milenija 2000. da bi svi ljudi oko svijeta iskusili moć Boga Stvoritelja, evanđelje o Isusu Kristu i vatrena djela Duha Svetog, Bog nas je blagoslovio da emitiramo Susret Oživljavanja uživo preko Moogoonghwa satelita i preko interneta. U 2003. publika iz otprilike 300 crkva unutar Koreje i petnaest država je sudjelovalo u Susretu Oživljavanja.

Moć Boga je pokušao predstaviti proces u kojem susrećemo Boga i primamo Njegovu moć, različite nivoe moći, Najvišu Moć Stvaranja koja ide iznad limita dopustivog za stvorenje ljudskog bića, i mjesta na kojima se Njegova moć manifestira.

Moć Boga Stvoritelja se spušta na nas individualno ovisno koliko sličimo Bogu koji je svjetlo. Nadalje, kada on postane jedno u duhu sa Bogom, on manifestira vrstu moći koje je Isus prikazivao. To je jer je po Ivanu 15:7 naš Gospod rekao nama "Ako ostanete u meni, i riječi moje ostanu u vama, štogod hoćete, tražite, i bit će vam."

Jer sam ja osobno iskusio radost i sreću u slobodi iz sedmogodišnje bolesti i agonije, da bi postao sluga moći koji sliči Gospodu, ja sam postio i molio se brojne dane i puno puta nakon što sam pozvan da budem sluga Gospodu. Isus nam govori po Marku 9:23, "Što se tiče mogućnosti Sve je moguće onome, koji vjeruje." Ja isto vjerujem i molim se jer ja se držim Isusova obećanja, "Tko vjeruje u mene, djela, koja ja činim, i on će činiti, i veća će od ovih činiti, jer ja idem k Ocu" (Po Ivanu

14:12). Kao rezultat, kroz godišnji Susret Oživljavanja, Bog nam pokazuje zadivljujuće znakove i čuda te nam daje nebrojena ozdravljanje i odgovore. Nadalje, tijekom drugog tjedna Susreta Oživljavanja u 2003. Bog je fokusirao prikaz Svoje moći na one koji su slijepi, koji ne mogu pričati, čuti ili hodati.

Čak iako je medicinska znanost napredovala i nastavlja činiti pomake, skoro pa je nemoguće za ljude koji su izgubili vid ili sluh da se oporave. Međutim, svemogući Bog prikazuje Svoju moć tako da kada se ja molim samo sa propovjedaonice, djela moći stvaranja bi mogla oživjeti mrtve živce i stanice, i ljudi bi progledali, čuli, i počeli pričati. U dodatku, savinute kralježnice se ispravlja, i očvrsnute kosti postaju labave tako da ljudi mogu odbaciti svoje štake, štapove, i kolica, i ustaju, skaču i hodaju.

Čudesan rad Boga isto tako nadilazi vrijeme i prostor. Ljudi koji prisustvuju u Susretu Oživljavanja preko satelita i na internetu isto iskuse moć Boga, i njegova svjedočanstva se podnose čak i do danas.

Zato je poruka sa Susreta Oživljavanja 2003. - na kojem su mnogobrojni ljudi preporođeni sa riječi istine, primili novi život, spasenje, odgovore, i ozdravljenje, iskusili moć Boga, i veoma Ga slavili - su bili objavljeni u jedno djelo.

Dajem posebnu hvalu Geumsun Vin, direktorici uredničkog ureda i njenim djelatnicima, i prevoditeljskom uredu za njihov težak rad i zalaganje.

Neka svatko od vas iskusi moć Boga Stvoritelja, evanđelje o

Isusu Kristu, i vatrena djela Duha Svetog, i neka radost i sreća ispune tvoj život - za sve to ja se molim u ime našeg Gospoda!

Jaerock Lee

Uvod

Nešto što se mora pročitati koje služi kao osnovi vodič po kojem netko može postići pravu vjeru i iskusiti čudesnu moć Boga.

Dajem svu hvalu i slavu Bogu, koji nas je vodio da objavimo u jedinstveno djelo poruku sa "Jedanaestog Dvotjednog Specijalnog Susreta Oživljavanja sa dr. Jaerockom Lee- om" u svibnju 2003, koji se dogodio usred Božje velike i veličanstvene moći.

Moć Boga će te obuhvatiti u milost i dirljivost, jer sadrži devet poruka sa Susreta Oživljavanja koji se održavao pod temom "Moć", kao i svjedočenja brojnih osoba koje su direktno iskusile moć živog Boga i evanđelja o Isusu Kristu.

U Prvoj poruci, "Vjerovati u Boga", identitet Boga, što znači vjerovati u Njega, i putovi po kojima ga možemo sresti i iskusiti Ga su opisani.

U Drugoj poruci, "Vjerovati u Gospoda", svrha Isusova dolaska na zemlju, zašto je samo Isus naš spasitelj, i zašto mi primamo spasenje i odgovore kada mi vjerujemo u Gospoda Isusa, su opisani.

Treća poruka, "Lađa ljepša nego dragulji", objašnjava što znači biti prekrasna, plemenita, i lijepa lađa u Božjem vidu, kao i blagoslov koji će se spustiti na takvu lađu.

Četvrta poruka, "Svjetlo", objašnjava duhovno svjetlo, što trebamo da bi sreli Boga koji je svjetlo, i blagoslove koje ćemo primiti kada hodamo u svjetlu.

Peta poruka, "Moć Svjetla" uranja u četiri različita nivoa Božje moći koja su prikazanja stvaranjem ljudskog bića kroz različite boje svjetla, kao i svjedočanstva iz stvarnog života različitih načina liječenja koja se prikazuju na različitim nivoima. Nadalje, predstavljajući Najveću Moć stvaranja, krajnju moć Boga i načine u kojima on može primiti moć svjetla su objašnjeni u detalje.

Bazirano na procesu u kojem se čovjek rođen slijep prima vid nakon susreta sa Isusom i svjedočanstva mnogih ljudi koji su obnovili vid i ozdravljeni od lošeg vida, Šesta poruka, "Oči slijepaca će se otvoriti", će ti pomoći shvatiti iz prve ruke moć Boga Stvoritelja.

U Sedmoj poruci, "Ljudi će se ustati, skakati i hodati", priča o paralitičaru koji je došao pred Isusa da pomoći svojih prijatelja, ustao, i hodao, i je pažljivo ispitana. Nadalje, poruka isto prosvjetljuje čitatelje o vrstama djela vjere koje će predstaviti pred Boga da bi iskusili taku moć danas.

Osma poruka, "Ljudi će se radovati, plesati i pjevati" zaranja u priča o gluhonijemom koji je primio ozdravljenje kada je došao pred Isusa, i predstavlja putove u kojima mi isto možemo iskusiti takvu moć čak i danas.

Konačno, u Devetoj poruci, "Neiscrpna providnost Boga", proriče o zadnjim danima i providnosti Boga za Manmin Centralnu Crkvu - obje je Sam Bog objavio od osnutka Manmina prije više od dvadeset godina - su jasno objašnjene.

Kroz ovaj rad, neka nebrojeni ljudi dobiju pravu vjeru, uvijek iskuse moć Boga Stvoritelja, i budu iskorišteni kao lađe Duha Svetog te ostvare Njegovu providnost, u ime našeg Gospoda Isusa Krista ja se molim!

Geumsun Vin
Direktorica uredničkog ureda

Sadržaj

Poruka 1

Vjerovati u Boga (Poslanica Hebrejima 11:3) · 1

Poruka 2

Vjerovati u Gospoda (Poslanica Hebrejima 12:1-2) · 25

Poruka 3

Lađa ljepša od dragulja
(2. poslanica Timoteju 2:20-21) · 47

Poruka 4

Svjetlo (Po Ivanu 1:5) · 67

Poruka 5

Moć Svjetla (1. Ivanova Poslanica 1:5) · 85

Poruka 6

Oči slijepaca će se otvoriti (Po Ivanu 9:32-33) · 117

Poruka 7

Ljudi će se ustati, skakati i hodati (Po Marku 2:3-12) · 135

Poruka 8

Ljudi će se radovati, plesati i pjevati

(Po Marku 7:3-37) · 157

Poruka 9

Neiscrpna providnost Boga

(Ponovljeni zakon 26:16-19) · 179

Poruka 1
Vjerovati u Boga

Poslanica Hebrejima 11:3

*Vjerom poznajemo
da je svijet riječju Božjom zgotovljen
tako da iz nevidljiva
postade vidljivo.*

Od prvog godišnjeg Dvotjednog Specijalnog Susreta Oživljavanja u svibnju 1993. nebrojeni ljudi su iz prve ruke iskusili stalno rastuću moć i djela Boga, sa kojom bolesti koje se ne mogu izliječiti modernom medicinom su izliječene i problemi koji se ne mogu riješiti sa znanosti su riješeni. U prošlih sedamnaest godina, kao što pronalazimo po Marku 16:20, Bog je potvrdio Svoje riječi znakovima koji ih prate.

Kroz poruku velike dubine vjere, pravednosti, tijela i duha, dobrote i svjetla, ljubavi, i sličnog, Bog je odveo brojne Mnanmin članove do dubljeg duhovnog svijeta. Nadalje, kroz svaki Susret Oživljavanja, Bog nas vodi da svjedočimo Njegovu moć iz prve ruke tako da je to postao svjetski poznat Susret Oživljavanja

Isus nam govori po Marku 9:23, "Što se tiče mogućnosti Sve je moguće onome, koji vjeruje." Prema tome, ako imamo pravu vjeru, ništa nije nemoguće za nas i mi ćemo primiti sve što tražimo.

U što da onda mi vjerujemo i kako da u to vjerujemo? Ako ne znamo kako ispravno vjerovati u Boga, mi ne bismo bili u mogućnosti iskusiti Njegovu moć i bilo bi nam teško prihvatiti odgovore od Njega. Zato je jako važno pravilno shvaćati i vjerovati.

Tko je Bog?

Prvo, Bog je autor šezdeset i šest knjiga Biblije. 2. poslanica Timoteju 3:16 podsjeća nas na to "Sve je Pismo Bogom nadahnuto". Biblija se sastoji od šezdeset i šest knjiga i pretpostavlja se da ju je zapisalo trideset i tri različite osobe u razdoblju od 1600 godina. Ipak nevjerojatan podatak o svakoj knjizi Biblije je taj, unatoč činjenici da su ju napisalo toliko puno različitih osoba preko mnogo stoljeća, od početka do kraja se podudara i odgovara jedno sa drugim. Drugim riječima, Biblija je riječ Boga zapisana u inspiraciji sa drugim ljudima za koje je On smatrao sposobnima u različitim periodima povijesti, i kroz njih On je otkrivao Sebe. Zato oni koji vjeruju da je Biblija riječ Boga i slušaju je mogu iskusiti blagoslov i milost koju je On obećao.

Slijedeće, Bog je "Ja jesam koji jesam" (Izlazak 3:14). Za razliku od idola koji su ljudska mašta ili napravljeni ljudskom rukom, naš Bog je pravi Bog koji je postojao prije vječnosti do vječnosti. Nadalje, mi možemo opisati Boga kao ljubav (1. Ivanova poslanica 4:16), svjetlost (1. Ivanova poslanica 1:5), i sudac svih stvari na kraju vremena.

Ipak, iznad svega, moramo se sjetiti da Bog, sa Svojim zapanjujućom moći, on je stvorio sve stvari na nebu i na zemlji. On je Svemogući koji je spremno prikazao Svoje veličanstvene moći od vremena Stvaranja do danas.

Stvoritelj svih stvari

U Postanku 1:1 nalazimo, "U početku stvori Bog nebo i zemlju." Poslanica Hebrejima 11:3 nam govori, "Vjerom poznajemo, da je svijet riječju Božjom zgotovljen, tako da iz nevidljiva postade vidljivo."

U stanju praznog duha na početku vremena, sa Božjom

moći sve u svemiru je stvoreno. Sa Njegovom moći, Bog je stvorio sunce i mjesec na nebu, biljke i drveće, ptice i životinje, ribe u moru, i čovječanstvo.

Unatoč toj činjenici, mnogi ljudi nisu sposobni vjerovati u Boga Stvoritelja jer je koncept stvorenja jednostavno previše suprotan znanju ili iskustvu koje su dobili i imaju u ovom svijetu. Na primjer, u umu takvih ljudi, nije moguće da su sve stvari u svemiru stvorene po Božjoj zapovijedi iz stanja praznog duha.

Zato je teorija evolucije stvorena. Zagovaratelji teorije evolucije zagovaraju da je živući organizam došao u postajanje slučajno, evoluirao sam od sebe, i razmnožio se. Ako ljudi odbijaju Božje stvaranje svemira sa takvim okvirom znanja, oni nisu u mogućnosti vjerovati ostatku Biblije. Oni ne mogu vjerovati u propovijedanje postojanja neba i pakla jer nikad nisu bili tamo, i u navještanju Sina Božjeg koji se rodio kao čovjek, umro, uskrsnuo, i uzašao na nebo.

Međutim, mi pronalazimo kako znanost napreduje,

zablude evolucije su prikazane dok legimitet stvaranja nastavlja dobivati potporu. Čak i ako ne proizvedemo listu znanstvenih dokaza, postoje mnogobrojni primjera sa kojima se dokazuje stvaranje.

Dokazi sa kojima Mi možemo vjerovati u Boga Stvoritelja

Ovdje je jedan takav primjer. Postoje preko dvjesto zemalja i još više različitih etničkih skupina ljudi. Ipak, bilo da su bijeli, crni, ili žuti, svaki od njih ima dva oka. Svaki od njih ima dva uha, jedan nos, i dvije nosnice. Taj uzorak vrijedi ne samo za ljudska bića nego i za sve životinje na zemlji, ptice u zraku, i ribe u moru. Samo zato što je surla slona jako velika i dugačka, to ne znači da ima više od dvije nosnice. Svaki od ljudskih bića, životinja, ptica, i riba ima jedna usta, i pozicija na kojoj su usta postavljena je ista. Postoje male razlike u poziciji svakog organa među drugačijim vrstama, ali većim djelom struktura i pozicija su neprimjetne.

Kako se ovo sve moglo dogoditi "slučajno"? Ovo je primjer čvrstog dokaza da je jedan Stvoritelj oblikovao i formirao nebrojene ljude, životinje, ptice, i ribe. Da je bilo više od jednog stvoritelja, izgled i struktura živih bića bi bilo različito kao i broj i postavke stvoritelja. Međutim, jer je naš Bog jedini Stvoritelj, sva živa bića su formirana prema istom dizajnu.

Nadalje, mi možemo naći nebrojene dokaze u prirodi i svemiru, svi od njih nas vode da vjerujemo u Boga koji je sve stvorio. Kao što nam poslanica Rimljanima 1:20 govori, "Jer što se na njemu ne može vidjeti, od postanja svijeta moglo se je spoznati i vidjeti na stvorenjima, i njegova vječna sila i božanstvo, te nemaju izgovora," Bog je stvorio i oblikovao sve stvari tako da se istina Njegova postojanja ne može negirati niti opovrgnuti.

Po Habakuku 2:18-19 Bog nam govori, "Što koristi rezan lik, da ga je izrezao umjetnik njegov što liven lik, prilika laži da se umjetnik tvrdo uzda svoje djelo, tako da gradi nijeme idole? Teško onome, koji govori komadu drveta: 'Preni se,' i nijemome kamenu: 'Probudi se!' A

Gospod stanuje u svetome hramu svojemu. Pred njim neka zamukne cijeli svijet!" Ako je bilo tko od vas služio ili vjerovao u idole bez znanja u Boga, moraš se temeljito pokajati od svog grijeha cijepajući svoje srce.

Biblijski dokazi sa kojima Mi možemo zasigurno vjerovati u Boga Stvoritelja

Još uvijek postoje mnogi ljudi koji ne mogu vjerovati u Boga unatoč nemjerljivom broju dokaza oko njih. Zbog toga, prikazujući Svoju moć, Bog nam je pokazao još očitiji i nepobitan dokaz Svojeg postojanja. Sa čudima koje ljudi ne mogu izvesti, Bog je dozvolio čovječanstvo da vjeruje u Njegovo postojanje i čudesne radove.

U Bibliji, postoje mnogi fantastični slučajevi u kojima je Božja moć prikazana. Crveno more je razdvojeno, sunce je stojalo ili se kretalo unazad, i vatra sa neba je spuštena. Gorka voda u divljini se pretvorila u slatku, pitku vodu dok je iz kamena izvirala voda. Mrtvi su oživjeli, bolesti su izliječene, i naizgled izgubljene borbe su izvojevane.

Kada ljudi vjeruju u svemoćnog Boga i traže Ga, oni mogu iskusiti nezamisliva djela Njegove moći. Zato je Bog zapisao u Bibliji mnoge primjere u kojima je Njegova moć prikazana i blagoslivlja nas da vjerujemo.

Ipak, rad Njegove moći ne postoji samo u Bibliji. Jer je Bog nemijenjajući, kroz nebrojene znakove, čuda, i djela Njegove moći, On je prikazao svoju moć kroz prave vjernike preko cijelog svijeta danas, kao što je On i obećao. Po Marku 9:23, Isus nas tješi, "Što se tiče mogućnosti Sve je moguće onome, koji vjeruje." Po Marku 16:17-18 naš Gospod nas podsjeća, "One, koji vjeruju, pratit će ova čudesa: u moje ime izgonit će đavle, govorit će novim jezicima, uzimat će zmije u ruke. I ako otrov smrtonosan popiju, neće im nauditi. Na bolesnike metat će ruke, i oni će ozdravljati."

*"Kako sam zahvalan
kada si mi spasio život
mislio sam da ću se oslanjati na svoje štake
ostatak mog života...*

*Sada, ja mogu hodati...
Oče, Oče, ja ti se zahvaljujem!"*

Đakonica Johanna Park
koja je bila trajno hendikepirana,
odbacila je i prohodala
nakon što je primila molitvu

Moć Boga prikazana u Manmin Centralnoj Crkvi

Crkva u kojoj ja služim kao stariji svećenik, Manmin Centralna Crkva, je prikazala radove moći Boga Stvoritelja više puta i pokušavala je širiti evanđelje do kraja svijeta. Od osnutka u 1982. do danas, Manmin je odveo nebrojene ljude na put spasenja sa moći Boga Stvoritelja. Najznačajniji rad Njegove moći je ozdravljenje bolesti i slabosti. Mnogi ljudi imaju "neizlječive" bolesti uključujući rak, tuberkulozu, paralizu, cerebralnu paralizu, herniju, artritis, leukemija, i oni su bili izliječeni. Demoni su istjerani, hromi su ustali i počeli hodati i trčati, i oni koji su imali paralizu od raznih nesreća su ozdravili. U dodatku, odmah nakon primanja molitve, ljudi koji su patili od ozbiljnih opeklina su ozdravili bez da su im ožiljci ostali. Drugi čija su se tijela ukočila i oni koji su već izgubili svijest zbog moždanog krvarenja ili trovanja plinom su oživjeli i odmah ozdravili. Drugi koji su prestali disati su se vratili u život nakon primanja molitve.

Mnogi drugi, koji nisu mogli imati djecu nakon pet,

"Ja žudim biti na tvojoj strani,
Oče, ali što će se dogoditi sa mojim vol...
kada ja odem?
Gospode, ako si mi dao novi život,
ja ću ga posvetiti Tebi..."

Starješina Moonki Kim, koji se iznenada srušio od cerebralne apopleksije je došao nazad k svijesti i ustao se nakon molitve dr. Jaerock Leea

sedam, deset, čak i dvadeset godina braka, primili su blagoslov začeća nakon primanja molitve. Nebrojene individue koje nisu mogle čuti, vidjeti ili govoriti veličale su Boga nakon primanja tih sposobnosti sa molitvom. Čak i ako su znanost i medicina načinile goleme korake godinu za godinom, stoljeće nakon stoljeća, mrtvi živci se ne mogu oživjeti i urođena sljepoća ili gluhoća se ne može izliječiti. Međutim, svemogući Bog može sve učiniti, jer On stvara nešto iz ničega.

Ja sam osobno osjetio moć svemoćnog Boga. Bio sam na pragu smrti sedam godina prije nego sam počeo vjerovati u Njega. Bio sam bolan u svim dijelovima svog tijela, s izuzetkom moja dva oka, i dali su mi nadimak, "trgovina bolestima". Uzalud sam pokušavao istočnjačku i zapadnu medicinu, lijek za gubavce, sve vrste bilja, žučni mjehur medvjeda i psa, stonoge, te čak i izlučenu vodu. Načinio sam svaki trud tijekom tih agonizirajučih sedam godina, ali se nisam mogao izliječiti. Kada sam bio u velikom očaju u proljeće 1974. imao sam nevjerojatno iskustvo. U trenutku kada sam sreo Boga, On me ozdravio svih mojih bolesti i slabosti. Otada, Bog me je uvijek štitio tako da se nikad nisam razbolio. Čak i ako se osjećam pomalo nelagodno u bilo kojem dijelu tijela, nakon molitve sa vjerom bio sam odmah izliječen.

Pored mene i moje obitelji, znam mnoge članove Manmina koji iskreno vjeruju u svemoćnog Boga i prema tome oni su uvijek fizički zdravi i ne moraju se oslanjati na medicinu. U zahvalu za milost Boga Iscjelitelja, mnogi ljudi koji su postali zdravi sada služe crkvi kao vjerni svećenici Boga, starješine, đakoni i đakonice i radnici.

Moć Boga nije ograđena samo na liječenje bolesti i slabosti. Od kada je crkva osnovana u 1982. mnogi Manmin članovi su svjedočili nebrojenim slučajevima u kojima molitelj sa vjerom u Božju moć kontrolira vrijeme da bi zaustavio tešku kišu, zaštitio Manmin članove sa oblacima tijekom jakog sunčanog dana, i prouzrokovao da tajfuni nestanu ili promijene smjer. Na primjer, u svakom srpnju i kolovozu kroz cijelu crkvu se održavaju ljetni odmori. Čak i ako ostatak Južne Koreje pati zbog štete prouzročene tajfunima ili poplavama, lokacije i dijelovi zemlje gdje se odmori održavaju često prođu bez štete od teške kiše i drugih prirodnih katastrofa. Brojni Manmin članovi često vide dugu, čak i u danima kada nije ranije kišilo.

Postoji još i nevjerojatniji aspekt Božje moći. Rad Njegove moći je prikazan čak i kad se ja ne molim direktno za bolesne ljude. Nebrojeni ljudi su na veliko veličali Boga nakon što su primili liječenje i blagoslov kroz "Molitvu za bolesne" za cijelu kongregaciju sa propovjedaonica, i "Molitva" je zapisana na kasetne trake, puštana preko interneta, i automatske telefonske poruke.

Nadalje, u Djelima apostolskim 19:11-12 nalazimo, "I Bog je činio ne mala čudesa po rukama Pavlovim, tako da bi i rupce za znoj i pojase od tijela njegova nosili na bolesnike, i ostavljale su ih bolesti, i zli su dusi izlazili iz njih." Isto tako, kroz rubac na kojim sam se molio, rad Božje čudesne moći je prikazana.

Nadalje, kada sam ja položio svoje ruke i molio se na fotografiju bolesnika, ozdravljenje koje nadilazi vrijeme i prostor su se dogodile oko cijelog svijeta. To je zato, kada ja provodim inozemne pohode, sve vrste bolesti i slabosti, uključujući i smrtonosni AIDS, su izliječeni odmah sa moći Boga koji nadilazi vrijeme i prostor.

Iskusiti moć Boga

Znači li to da svatko tko vjeruje u Boga može iskusiti nevjerojatni rad Njegove moći i primiti odgovore i blagoslove? Mnogi ljudi ispovijedaju svoju vjeru u Boga, ali ne iskuse svi od njih moć. Ti možeš iskusiti Njegovu moć samo kada tvoja vjera u Boga je izložena u djela i On ih prihvati, "Znam da ti vjeruješ u mene."

Bog će smatrati samo činjenicu da netko sluša nečiju propovijed i dolazi prisustvovati misnim slavljima kao "vjeru." Međutim, da bi posjedovali pravu vjeru sa kojom možemo primiti ozdravljenje i odgovore, moraš čuti i znati o tome tko je Bog, o tome zašto je Isus naš Spasitelj, i o postojanju neba i pakla. Kada razumiješ ove faktore, pokaj se za svoje grijehe, prihvati Isusa kao svog Spasitelja, i primi Duh Sveti, primit ćeš prava kao dijete Boga. Ovo je prvi korak prema pravoj vjeri.

Ljudi koji imaju pravo vjeru će pokazivati djela koja svjedoče takvoj vjeri. Bog će vidjeti djela vjere i odgovorit na želje u njihovim srcima. Oni koji iskuse rad Njegove moći demonstriraju Mu dokaze vjere i njih Bog odobri.

Udovoljavati Boga sa djelima vjere

Ovdje je par primjera iz Biblije. Prvo, u 2. poslanici Kraljevima 5 postoji priča o Naamanu, zapovjedniku vojske kraja Arama. Naaman je iskusio djela Božje moći nakon što je prikazao djela svoje vjere slušajući proroka Elišeja, kroz kojeg je Bog govorio.

Naaman je bio istaknuti general kraljevstva Arama. Kada je on imao kugu Naaman je posjetio Elišeja, za kojeg se govorilo da izvodi čudesna djela. Međutim, kada je takav utjecajan i istaknut general kao što je Naaman stigao kod Elišeja sa velikom količinom zlata, srebra, i odjeće, prorok je jednostavno poslao poruku Naamanu, i rekao mu "Idi, okupaj se sedam puta u Jordanu" (s.10.).

U početku, Naaman je bio vidno ljut prvenstveno jer nije primio pravi tretman od proroka. U dodatku, umjesto da se Elišej molio za njega, Naamanu je rečeno da se ide okupati u Jordan. Međutim, Naaman se uskoro predomislio i poslušao. Čak i ako mu se riječi koje je Elišej rekao nisu svidjele u njegovim mislima, Naaman je bio odlučan barem pokušati poslušati Božjeg proroka.

Do kada se Naaman okupao šest puta u Jordanu, nikakve vidljive promjene se nisu dogodile njegovoj kugi. Ipak, kada se Naaman okupao u Jordanu sedmi put, njegovo se tijelo obnovilo i postalo čisto kao u mladog dečka (s.14).

Duhovno, "voda" simbolizira riječ Boga. Činjenica da se Naaman uronio u Jordan znači da je po Njegovoj Riječi, Naaman se očistio od svih svojih grijeha. Nadalje, broj "sedam" simbolizira savršenost; činjenica da se Naaman uronio u rijeku "sedam puta" znači da je general primio potpuni oprost.

U istom znaku, ako mi želimo primiti Božji odgovor, mi se prvo morao temeljito pokajati od svih naših grijeha, kao što je to Naaman učinio. Ipak, pokajanje ne završava jednostavno govoreći, "Ja se kajem. Činio sam loša djela." Ti bi trebao "rascijepati svoje srce" (Joel 2:13). Nadalje, kada se temeljito pokaješ za svoje grijehe, moraš odlučiti nikad više počiniti isti grijeh opet. Samo će se tada zid grijeha između tebe i Boga srušiti, sreća izvirati iznutra, tvoji će se problemi riješiti, a ti ćeš primiti odgovore na želje svojeg srca.

Drugo, u 1. poslanici Kraljevima 3 mi pronalazimo kralja Solomona kako prinosi tisuću žrtvi paljenica pred Bogom. Kroz te prinose, Solomon prikazuje djela svoje vjere da bi primio Božje odgovore, i kao posljedicu ne prima od Boga samo ono što je tražio nego i ono što nije tražio.

Da bi Solomon prinio tisuću žrtava paljenica, tražilo je veliku količinu posvete. Za svaku žrtvu, kralj je morao uhvatiti životinju i pripremiti ju. Možeš li zamisliti koliko vremena, truda, i novca je to koštalo da bi se prinjelo žrtvu tisuću puta? Vrsta odanosti koju je Solomon prikazao ne bi bila moguća bez da kralj nije vjerovao u živog Boga.

Kada je On vidio Solomonovu posvetu, Bog mu je dao ne samo mudrost, to što je kralj izvorno tražio, nego i bogatstva i čast - tako da tijekom njegova života njemu nema ravnog kralja.

Na kraju, po Mateju 15 postoji priča o ženi Kananejki čija je kći bila opsjednuta demonom. Ona je došla pred Isusa ponižena i nemijenjajućeg srca, pitala Isusa za izlječenje, i primila želju svoga srca na kraju. Međutim, na iskreno moljenje žene, Isus nije odmah odgovorio, "Uredu, tvoja je kći izliječena." Umjesto toga, On je rekao ženi, "Nije pravo oduzeti kruh djeci i baciti ga psićima" (s.26). On je usporedio ženu sa psom. Da je žena bila bez vjere, ona bi bila ili užasno osramoćena ili nekotrolirano ljuta. Ipak, ta žena je imala vjere i Isusov odgovor ju je umirio, i nije bila razoračarana niti se uplašila. Umjesto toga, ona se držala Isusa još više ponizno. "Da, Gospode," rekla je žena Isusu, "ali čak i psi se hrane sa mrvica koje padnu sa stola njihovih gospodara." Na to, Isus je bio jako radostan zbog ženine vjere i odmah je izliječio demonom opsjednutu kćer.

Slično tomu, ako želimo primiti ozdravljenje i odgovore, mi moramo prikazati našu vjeru do kraja. Nadalje, ako posjeduješ vjeru sa kojom možeš primiti Njegov odgovor, moraš se fizički predstaviti pred Bogom.

Naravno, jer je Božja moć prikazana jako puno u Manmin Centralnoj Crkvi, moguće je primiti ozdravljenje sa rupcem na kojem sam se ja molio ili sa fotografijama. Međutim, osim ako netko tko je u kritičnom stanju ili u inozemstvu, sama osoba mora doći pred Boga. Netko može iskusiti moć Boga samo nakon što čuje Njegove riječi i posjeduje vjeru. Nadalje, ako je osoba mentalno retardirana ili zaposjednuta demonom i kao takva ne može doći pred Boga sa svojom vjerom, onda kao i Kananejka, njegovi roditelji ili obitelj mora doći pred Boga zbog njega sa ljubavi i vjerom.

U dodatku na ove, postoje još mnogi dokazi vjere. Na primjer, u lice osobe koja posjeduje vjeru sa kojom on može primiti odgovore, sreća i zahvalnost su uvijek vidljivi. Po Marku 11:24 Isus nam govori, "Zato vam kažem, u molitvi možete zaželjeti, bilo štogod. Vjerujte samo, da ćete primiti, i bit će vam." Ako imaš pravu vjeru, može ti biti samo drago i biti zahvalan svo vrijeme. Dodatno, ako iskazuješ vjeru u Boga, ti ćeš slušati i živjeti prema Njegovoj Riječi. Pošto je Bog svijetlo, ti ćeš pokušavati hodati u svjetlo i preobraziti se.

Bog uživa u našim djelima vjere i odgovara na želje u našim srcima. Posjeduješ li blagost i mjeru vjere koju će Bog odobravati?

U Poslanici Hebrejima 11:6 podsjeća nas da "A bez vjere nije moguće ugoditi Bogu; jer onaj, koji hoće da dođe k Bogu, valja da vjeruje, da ima Bog i da plaća onima, koji ga traže."

Točno razumjevši što znači vjerovati u Boga i demonstrirati svoju vjeru, neka svatko od vas Ga udovolji, iskusi Njegovu moć, i vodi blažen život, u ime našeg Gospoda Isusa Krista ja se molim!

Poruka 2
Vjerovati u Gospoda

Poslanica Hebrejima 12:1-2

*Zato dakle i mi imajući
oko sebe toliki oblak svjedoka,
odbacimo svako breme i grijeh
koji je za nas prionuo,
i s ustrajnošću trčimo da dobijemo na trki
koja nam je određena,
Gledajući na utemeljitelja
i usavršitelja vjere Isusa,
koji mjesto određene sebi radosti podnese križ ne mareći
za sramotu
i sjede
s desne strane prijestolja Božjega*

Mnogi ljudi danas su čuli ime "Isus Krist." Međutim, iznenađujući broj ljudi ne znaju zašto je Isus jedini Spasitelj čovječanstva ili zato mi primamo spasenje samo kada vjerujemo u Isusa Krista. Mnogo gore, postoje neki kršćani koji ne znaju odgovoriti na gornja pitanja, čak i ako su direktno povezana sa spasenjem. To znači da ti kršćani vode svoje živote u Kristu bez da potpuno razumiju duhovno značenje tih pitanja.

Prema tome, samo kada točno znamo i razumijemo zašto je Isus naš jedini Spasitelj i što znači prihvatiti i vjerovati u Njega, i posjedovati pravu vjeru, mi možemo iskusiti moć Boga.

Neki ljudi jednostavno smatraju Isusa kao jednog od četiri velika svetca. Drugi Ga pak smatraju samo kao osnivača kršćanstva, ili kao jako velikodušnog čovjeka koji je činio jako puno dobrih dijela tijekom svog života.

Međutim, oni od nas koji smo postali djeca Boga moramo moći ispovijedati da je Isus Spasitelj čovječanstva koji je otkupio sve ljude od njihovih grijeha. Kako možemo uopće usporediti jedinog Sina Božjeg Isusa Krista, sa ljudskim bićima, običnim stvorenjima? Čak i u Isusovo doba, mi nalazimo mnoge različite perspektive kroz koje su ljudi mislili o Njemu.

Sin Boga Stvoritelja, Spasitelj

Po Mateju 16 postoji scena u kojoj Isus pita Svoje učenike, "Za koga drže ljudi Sina čovječjega?" (s.13) Citirajući odgovore različitih ljudi, učenici su odgovorili, "Jedni za Ivana Krstitelja, drugi za Iliju, opet drugi za Jeremiju ili za kojega od proroka" (s.14) Tada je Isus pitao Svoje učenike, "A vi, za koga me vi držite?" (s.15) Kada je Petar odgovorio, "Ti si Krist, Sin Boga živoga" (s.16), Isus ga je pohvalio, "Blagoslovljen si ti, Simone, sine Jonin, jer tijelo i krv nijesu to tebi objavili, nego Otac moj, koji je na nebesima" (s.17). Kroz nebrojena djela Božje moći koje je Isus prikazao, Petar je bio siguran da je On Sin Boga Stvoritelja i Krist, Spasitelj čovječanstva.

U početku, Bog je stvorio čovjeka iz prašine na Svoju vlastitu sliku, i odveo ga do Edenskog rta. U vrtu je postojalo stablo spoznaje dobra i zla, i Bog je zapovjedio prvom čovjeku Adamu, "A dade Gospod Bog čovjeku ovu zapovijed: "Sa svakoga drveta u vrtu smiješ jesti; Samo s drveta spoznanja dobra i zla ne jedi, jer čim bi jeo s njega, morao bi umrijeti" (Postanak 2:16-17).

Nakon što je dosta vremena prošlo, prvi čovjek i žena Adam i Eva su bili izazvani zmijom, koja je bila potaknuta Sotonom, i prekršili Božju zapovijed. Na kraju, oni su jeli sa stabla spoznaje dobra i zla i bili su otjerani iz Edenskog vrta. Kao posljedica njihovih djela, potomci Adama i Eve su naslijedili njihovu grešnu narav. Nadalje, kao što je Bog rekao Adamu da će zasigurno umrijeti, svi dusi njegovih potomaka su odvedeni u vječnu smrt.

Prema tome, prije početka vremena, Bog je pripremio put spasenja, Sina Boga Stvoritelja Isusa Krista. Kao što nam Djela apostolska 4:12 govore, "I nema ni u jednom drugom spasenja; jer nema drugoga imena pod nebom danoga ljudima, u kojem treba da se spasimo," osim Isusa

Krista, nitko u povijesti nije kvalificiran da bude Spasitelj čovječanstva.

Providnost Boga
koja je bila skrivena prije početka vremena

1. poslanica Korinčanima 2:6-7 govori nam, "Ali mudrost govorimo među savršenima, a ne mudrost ovoga svijeta, ni knezova ovoga svijeta, koji prolaze, nego govorimo mudrost Božju u tajnosti skrivenu, koju predodredi Bog prije vjekova za slavu našu." 1. poslanica Korinčanima 2:8-9 nastavlja nas podsjećati, "Ove ni jedan od knezova ovoga svijeta nije upoznao, jer da su je upoznali, ne bi Gospodina slave raspeli. Nego kao što je pisano: 'Što oko nije vidjelo, ni uho nije čulo, ni u srce čovječje nije unišlo, to je pripravio Bog onima, koji ga ljube;'" Moramo shvatiti da je put spasenja koji Bog pripremio za čovječanstvo prije početka vremena je put kroza Isusa Krista, i to je Božja mudrost koja je bila skrivena.

Kao Stvoritelj, Bog je uvijek vladao nas svim u svemiru i

vladao nad poviješću čovječanstva. Kralj ili predsjednik zemlje upravlja svojom zemljom prema zakonu zemlje; izvršni časnik tvrtke vlada svojom tvrtkom prema smjernicama unutar tvrtke; i šef domaćinstva nadgleda svoju obitelj prema obiteljskim pravilima. Isto tako, iako je Bog vlasnik svih stvari u svemiru, On uvijek upravlja svim stvarima prema zakonu duhovnog svijeta koji se može pronaći u Bibliji.

Prema zakonu duhovnog svijeta, postoji pravilo "Plača za grijeh je smrt" (Poslanica Rimljanima 6:23), koja kažnjava krivnju, i postoji pravilo sa kojima se možemo iskupiti našeg grijeha. Zato je Bog primjeno pravilo da iskupi nas od grijeha da bi obnovio autoritet koji je izgubljen neprijatelju vragu sa Adamovim neposluhom.

Što je bilo pravilo sa kojim se čovječanstvo moglo iskupiti i obnoviti autoritet koji je prvi čovjek Adam predao neprijatelju vragu? Prema "zakonu otkupa zemlje" Bog je pripremio put spasenja za čovječanstvo prije početka vremena.

Isus Krist je kvalificiran prema Zakonu o otkupu zemlje.

Bog je dao Izraelcima "zakon o otkupu zemlje," koji diktira slijedeće: zemlja se ne može trajno prodati; i, ako netko postane siromašan i proda svoju zemlju, najbliži rođak osobe može sam doći i otkupiti zemlju, prema tome obnoviti vlasništvo nad zemljom. (Levitski zakonik 25:23-28).

Bog je unaprijed znao da će Adam predati autoritet koji je on primio od Boga vragu svojim neposluhom. Prema tome, kao pravi i izvorni Vlasnik svih stvari u svemiru, Bog je predao autoritet vragu koje je Adam nekada imao, kao što je to zahtjevao zakon duhovnog svijeta. Zato je kada vrag iskušavao Isusa po Luki 4 pokazujući Mu sva kraljevstva na svijetu, on je mogao govoriti Isusu, "Svu ovu moć i slavu dat ću tebi; jer je predana meni i dajem je kojemu hoću" (Po Luki 4:6-7).

Prema zakonu otkupa zemlje, sva zemlja pripada Bogu. Prema tome, čovjek je ne može nikada trajno prodati i kada se pojavi osoba sa pravim kvalifikacijama, prodana zemlja se mora predati toj osobi. Isto tako, sve stvari u svemiru pripadaju Bogu, tako da Adam nije mogao "prodati" ih trajno, niti je vrag mogao imati trajno vlasništvo. Prema tome, kada se osoba dovoljno sposobna da otkupi Adamom izgubljeni autoritet pojavila, neprijatelj vrag nije imao izbora nego predati autoritet koji je primio od Adama.

Prije početka vremena, Bog pravde je prepiremo bezgrešnog čovjeka kvalificiranoga prema zakonu otkupa zemlje, i taj put spasenje čovječanstva je Isus Krist.

Kako onda, prema zakonu otkupa zemlje, je mogao Isus Krist obnoviti autoritet koji je bio predan neprijatelju vragu? Samo kada je Isus imao slijedeće četiri kvalifikacije, je On mogao otkupiti grijehe i obnoviti autoritet koji je predan neprijatelju vragu.

Prvo, otkupitelj mora biti čovjek, Adamov "najbliži rođak."

Levitski zakonik 25:25 nam govori, "Ako osiromaši zemljak tvoj i proda nešto od posjeda svojega, onda ima nastupiti za njega najbliži rođak njegov kao otkupitelj i to opet otkupiti, to je prodao rođak njegov." Pošto "najbliži rođak" može otkupiti zemlju da bi obnovio autoritet koji je Adam morao predati, taj "najbliži rođak" mora biti čovjek. 1. poslanica Korinćanima 15:21-22 čita, "Jer kako po čovjeku smrt, tako dođe i uskrsnuće mrtvih po čovjeku. Jer kako u Adamu svi umiru, tako će i u Kristu svi oživjeti. Drugim riječima, kako je smrt ušla kroz neposluh jednog čovjeka, uskrsnuće mrtvog duha se mora ostvariti kroz jednog čovjeka.

Isus Krist je "Riječ koja postaje tijelo" i dolazi na zemlju (Po Ivanu 1:14). On je Sin Boga, rođen u tijelo sa blaženom i ljudskom prirodom. Nadalje, Njegovo rođenje je povijesna činjenica i postoje mnoga svjedočenja koja svjedoče toj činjenici. Najznačajnija, povijest čovječanstva je zabilježena korištenjem "Pr. Kr." ili "Prije Krista," i "Po. Kr." ili "Poslije Krista."

Pošto je Isus Krist ušao u ovaj svijet u tijelu, On je "najbliži rođak" Adamov i podržava prvu kvalifikaciju.

Drugo, otkupitelj ne smije biti Adamov potomak.

Da bi osoba otkupila druge njihovih grijeha, on sam ne smije biti grešnik. Svi Adamovi potomci, koji sami postaju grešnici kroz njegov neposluh, su grešnici. Prema tome, prema zakonu otkupa zemlje, otkupitelj ne može biti Adamov potomak.

U Otkrivenju 5:1-3 piše slijedeće:

 I vidjeh u desnici onoga, koji sjeđaše na prijestolju, knjigu napisanu iznutra i izvana i zapečaćenu sa sedam pečata. I vidjeh silnoga anđela, koji povika glasom velikim: "Tko je dostojan da otvori knjigu i da razlomi pečate njezine?" I nitko nije mogao u nebu i na zemlji i pod zemljom da otvori knjigu i da zagleda u nju.

Ovdje, knjiga "zapečaćena sa sedam pečata" se odnosi na ugovor ugovoren između Boga i vraga nakon Adamovog neposluha, i onaj koji je "vrijedan otvoriti knjigu i slomiti pečate" mora biti kvalificiran prema zakonu o otkupu zemlje. Kada je apostol Ivan gledao uokolo za nekoga tko bi mogao otvoriti knjigu i slomiti pečate, on nije mogao nikoga naći.

Ivan je pogledao na nebo i tamo su bili anđeli ali ne ljudi. On je pogledao na zemlju i samo vidio Adamove potomke, sve grešnike. On je pogledao pod zemlju i samo vidio grešnike osuđene na pakao i sva bića koja pripadaju vragu. Ivan je plakao i plakao jer nije mogao naći nikoga kvalificiranog prema zakonu otkupa zemlje (s.4).

Tada, jedan od starješina tješi Ivana, i govori mu "Ne plači, evo je pobijedio lav iz plemena Judina, korijen Davidov, da otvori knjigu i sedam pečat njezinih" (s.5). Ovdje, "Lav iz plemena Judinog, Korijen Davida" se odnosi na Isusa, koji je bio iz plemena Judinog i od Davidove kuće; Isus Krist je kvalificiran biti otkupitelj prema zakonu otkupa zemlje.

Prema Mateju 1:18-21 mi pronalazimo detaljni prikaz rođenja našeg Gospoda.

Rođenje Isusa Krista bilo je ovako: Kad je njegova majka Marija bila zaručena s Josipom, nađe se, da je bila začela po Duhu Svetom, još prije nego se sastaše. A Josip, muž njezin, bio je pravedan i nije htio da je sramoti javno, i tako je namislio da je otpusti tajno. Dok se je on bavio s tom mišlju, javi mu se u snu anđeo Gospodnji i reče: "Josipe, sine Davidov, ne boj se uzeti k sebi Mariju, ženu svoju; jer što se je začelo u njoj, od Duha je Svetoga. Ona će roditi sina, kojemu ćeš nadjenuti ime Isus; jer će on izbaviti narod svoj od grijeha njegovih."

Razlog zašto je Božji jedini Sin Isus Krist došao na ovaj svijet u tijelu (Po Ivanu 1:14) kroz maternicu Djevice Marije je taj jer je Isus morao biti čovjek koji nije Adamov potomak, tako da bi On mogao biti kvalificiran prema zakonu otkupa zemlje.

Treće, otkupitelj mora imati moć.

Pretpostavimo da mlađi brat postane siromašan i mora prodati svoju zemlju, i njegov stariji brat želi otkupiti zemlju za svog mlađeg brata. Tada, stariji brat mora imati dovoljno sretstava da ju otkupi (Levitski zakonik 25:26). Slično tomu, ako je mlađi brat u velikom dugu i njegov stariji brat želi otkupiti taj dug, stariji brat to može učiniti sa "dovoljno sretstava," ne samo sa dobrim namjerama.

Na isti način, da bi preobrazili grešnika u pravednog čovjeka, "dovoljno sredstava" ili moći je potrebno. Ovdje, moć otkupiti zemlju se odnosi na moć otkupiti sve ljude njihovih grijeha. Drugim riječima, otkupitelj svih ljudi koji je kvalificiran prema zakonu otkupa zemlje ne može imati niti jedan grijeh u sebi.

Pošto Isus Krist nije Adamov potomak, On nema izvorni grijeh. Niti Isus Krist ima samo počinjenih grijeha pošto je On držao zakon tijekom Svog 33 godišnjeg života na zemlji. On je bio obrezan osmi dan nakon Svog rođenja i prije Njegovog trogodišnjeg svećeništva, Isus je potpuno slušao i volio Svoje roditelje, i odano držao sve zapovijedi.

Zato je u Poslanici Hebrejima 7:26 zapisano, "Jer takav nam je trebao da bude veliki svećenik: svet, nevin, neokaljan, odvojen od grješnika i uzvišen nad nebesa." U 1.

Petrovoj poslanici 2:22-23 nalazimo "On, koji ne učini grijeha, i u čijim se ustima ne nađe prijevara; loji nije vratio pogrde, kad su ga grdili, nije prijetio, kad je trpio, nego se je prepustio onome, koji ga je nepravedno osudio"

Četvrto, otkupitelj mora imati ljubav.

Da bi se otkup zemlje morao ispuniti, u dodatku ta tri uvjeta iznad, ljubav je potrebna. Bez ljubavi, stariji brat koji može otkupiti zemlju svojeg mlađeg brata neće ju otkupiti. Čak i ako je stariji brat najbogatiji čovjek u zemlji dok njegov mlađi brat ima ogroman dug, bez ljubavi stariji brat neće pomoći mlađem bratu. Što znači moć i bogatstvo starijeg brata mlađem bratu?

U Ruti 4 postoji priča o Boazu, koji je dosta dobro bio upoznat o stanju u kojem se Rutina svekrva Naomi nalazila. Kada su Boaza upitali "rođaka- otkupitelja" da otkupi Naomino nasljedstvo, rođak- otkupitelj je odgovorio, "Onda je ja ne mogu otkupiti za se. Inače bih oštetio svoju vlastitu baštinu. Otkupi ti za se, što bi trebalo da ja otkupim, jer ja je neću da otkupim" (s.6). Tada Boaz, u svojoj obilnoj ljubavi, otkupi zemlju za Naomi. Nakon toga, Boaz je velikodušno blagoslovljen biti predak Davida.

Isus, koji je došao u ovaj svijet u tijelu, nije bio Adamov potomak jer je On začet Duhom Svetim, i nije počinio grijeh. Prema tome, On je imao "dovoljno sretstava" da nas otkupi. Međutim, da Isus nije imao ljubavi, On ne bi mogao izdržati agoniju razapeća. Ipak, Isus je bio tako pun ljubavi da je On razapet običnim stvorenjima, prolio svu Svoju krv, i otkupio čovječanstvo, prema tome otvorio put spasenja. Ovo je rezultat nemjerljive ljubavi našeg Boga Oca i Isusove žrtve koji je bio poslušan do točke smrti.

Razlog zašto je Isus obješen na drvo

Zašto je Isus obješen na drveni križ? Zato da se zadovolji zakon duhovnog svijeta, koji diktira, "Krist nas je otkupio od prokletstva zakona, jer je za nas postao prokletstvo; jer je pisano: 'Proklet svaki, koji visi na drvetu'" (Poslanica

Galačanima 3:13). Isus je bio obješen na drvo zbog nas tako da bi On mogao otkupiti nas grešnike od "kletve zakona".

Levitski zakonik 17:11 piše, "Jer život tijela u krvi je, i samo vam je na žrtveniku dopuštam na pomirenje za duše vaše; krv naime pribavlja pomirenje, jer je život u njoj" Poslanica Hebrejima 9:22 čita "I gotovo sve se krvlju čisti po zakonu, i bez proljevanja krvi nema oproštenja." Krv je život jer "nema oprosta" bez prolijevanja krvi. Isus je prolio Svoju nevinu i prevrijednu krv tako da bi nama dao život.

Nadalje, kroz Njegovu patnju na križu, vjernici su oslobođeni kletve bolesti, slabosti, siromaštva, i sličnoga. Pošto je Isus živio u siromaštvu dok je bio na zemlji, On se pobrinuo za naše siromaštvo. Pošto je Isus bio bičevan, on nas je oslobodio naših bolesti. Pošto je Isus nosio krunu od trnja, On nas je otkupio od grijeha počinjenih u našim mislima. Pošto su Isusa pribili kroz Njegove ruke i noge, On nas je otkupio od svih grijeha počinjenih našim rukama i nogama.

Vjerovati u Gospoda je promijeniti se u istini

Ljudi koji stvarno razumiju providnost križa i vjeruju iz dubine svojih srca će se osloboditi od grijeha i živjeti prema volji Boga. Kao što je Isus rekao po Ivanu 14:23, "Tko ljubi mene, držat će riječ moju, i Otac moj ljubit će njega, i k njemu ćemo doći i u njega ćemo se nastaniti," takve osobe će primiti Božju ljubav i blagoslov.

Zašto, onda, ljudi koji ispovijedaju svoju vjeru u Gospoda ne primaju odgovore na svoje molitve i žive usred iskušenja i nevolja? To je zbog toga što iako kažu da vjeruju u Boga, Bog ne smatra njihovu vjeru pravom vjerom. To znači da unatoč tomu što su čuli riječ Boga, oni nisu odbacili svoje grijehe i promijenili se u istini.

Na primjer, postoje brojni vjernici koji se ne pridržavao Deset Zapovijedi, temelja života u Kristu. Takve osobe znaju zapovijed, "Svetkuj dan Gospodnji." A ipak, oni samo prisustvuju jutarnjoj misi ili uopće ne prisustvuju niti jednoj zbog njihovog poslao na dan Gospodnji. Oni znaju da trebaju dati desetinu, ali jer im je novac predrag oni ne daju cijelu desetinu. Kada je Bog specifično rekao da ne davanje desetine znači "krađa", kako bi mogli primiti odgovore i blagoslove (Malahija 3:8)?

Onda postoje ti vjernici koji ne opraštaju pogreške i mane drugih. Oni postaju ljuti i smišljaju planove kako im vratiti u istoj količini zla. Neki čine obećanja ali ih krše stalno, dok drugi krive i nariču, posebno kao što svjetovni ljudi rade. Kako se može reći da oni posjeduju pravu vjeru?

Ako imamo pravu vjeru, mi morao pokušavati činiti sve stvari prema volji Boga, izbjegavati svaku vrstu zla i sličiti našem Gospodu koji je predao Svoj vlastiti život za nas grešnike. Takvi ljudi mogu oprostiti i voljeti čak i one koji ih mrze i štete im, i uvijek služe i žrtvuju se za druge.

Kada se oslobodiš svog ljutog temperamenta, ti ćeš se preobraziti u dobru osobu čije usne samo izražavaju riječi dobrote i topline. Ako si prigovarao prilikom svake prigode, pravom vjerom ćeš se okrenuti dati hvalu u svim okolnostima i dijeliti milost sa svima oko sebe.

Ako stvarno vjerujemo u Gospoda, svatko od nas Mu mora sličiti i voditi preobraženi život. To je put primanja

Božjeg odgovora i blagoslova.

Poslanica Hebrejima 12:1-2 govori nam:

> Zato dakle i mi imajući oko sebe toliki oblak svjedoka, odbacimo svako breme i grijeh, koji je za nas prionuo, i s ustrajnošću trčimo da dobijemo na trki, koja nam je određena, gledajući na utemeljitelja i usavršitelja vjere Isusa, koji mjesto određene sebi radosti podnese križ ne mareći za sramotu, i sjede s desne strane prijestolja Božjega.

Pored mnogih predaka vjere koje pronalazimo u Bibliji, među onima oko nas, postoje mnogi ljudi koji su primili spasenje i blagoslov svojom vjeru u našeg Gospoda.

Kao "veliki oblak svjedoka," posjedujmo pravu vjeru! Odbacimo sve što nas spotiče i grijehe koje nas tako lako spliću, i težimo sličiti našem Gospodu! Samo tada, kao što je Isus obećao po Ivanu 15:7, "Ako ostanete u meni, i riječi moje ostanu u vama, štogod hoćete, tražite, i bit će vam," svaki od nas će voditi život koji je ispunjen sa Njegovim odgovorima i blagoslovima.

Ako još ne vodiš takav život, pogledaj u svoj život, rascjepaj svoje srce i pokaj se za to što nemaš pravu vjeru u Gospoda, i odluči živjeti samo prema riječi Boga.

Neka svatko od vas posjeduje pravu vjeru, iskusi Božju moć, i veliča Ga sa svim svojim odgovorima i blagoslovima, u ime našeg Gospoda Isusa Krista ja se molim!

Poruka 3
Lađa ljepša nego dragulji

2. poslanica Timoteju piše 2:20-21

*A u velikoj kući
nijesu samo posude zlatne i srebrne,
nego i drvene i zemljane,
i jedne su za čast, a druge za sramotu.
Ako dakle tko očisti sebe od ovih, bit će posuda za čast,
posvećena i korisna domaćinu,
pripravljena za svako dobro djelo*

Bog je stvorio čovječanstvo tako da On može požeti pravu djecu sa kojom bi On podijelio pravu ljubav. Ipak, ljudi griješe, posrću sa prave svrhe njihovog stvaranja, i postaju robovi neprijatelja vraga i Sotone (Poslanica Rimljanima 3:23). Međutim, Bog ljubavi nije odustao od cilja dobivanja prave djece. On je otvorio put spasenja za ljude pronađene usred grijeha. Bog je dao Svog jedinog Sina Isusa razapeti na križu tako da bi On mogao otkupiti sve ljude njihovih grijeha.

Sa velikom ljubavi popraćenu velikom žrtvom, za sve koji vjeruju u Isusa Krista put spasenja je otvoren. Za svakoga tko vjeruje u svojem srcu da je Isus umro i ponovo se ustao iz groba i ispovijede sa svojim usnama da je Isus njihov Spasitelj, pravo kao dijete Boga im je dano.

Božja voljena djeca su uspoređena sa "Lađama"

Kao što u 2. poslanici Timoteju piše 2:20-21 "A u velikoj

kući nijesu samo posude zlatne i srebrne, nego i drvene i zemljane, i jedne su za čast, a druge za sramotu. Ako dakle tko očisti sebe od ovih, bit će posuda za čast, posvećena i korisna domaćinu, pripravljena za svako dobro djelo" svrha lađa je da drže objekte. Bog uspoređuje Svoju djecu sa "lađama" jer u njima On može staviti Svoju ljubav i milost, i Njegova riječ koja je istina, kao i Njegova moć i autoritet. Prema tome, mi moramo shvatiti da ovisno o vrsti lađe koju pripremimo, mi možemo uživati u svim vrstama dobih darova i blagoslova koje nam je Bog pripremio.

Onda kakva vrsta lađe je individua koja može primiti sve blagoslove koje je Bog pripremio? To je lađa za koju Bog smatra da je prevrijedna, plemenita, i prekrasna.

Prvo, "prevrijedna" lađa je ona koja potpuno ispunjava svoje Bogom dane dužnosti. Ivan Krstitelj je pripremio put za našeg Gospoda Isusa, i Mojsije koje i je vodio Izraelce iz egipta spadaju u istu kategoriju.

Slijedeće, "plemenita" lađa je ona koja ima kvalitete kao što su poštenje, iskrenost, rezoluciju, i vjernosti, sve od njih su rijetke u običnim ljudima. Josip i Daniel, oba koja su držala pozicije jednake premijerima moćnih država i jako su veličali Boga, pripadaju toj kategoriji. Zadnje, "prekrasna" lađa pred Bogom je ona koja ima dobro srce koje se nikad ne svađa ili prepire nego u istini prihvaća i tolerira sve stvari. Ester koji je spasio svoje sunarodnjake i Abraham kojeg je Bog zvao "prijatelj" pripadaju toj kategoriji.

"Lađa ljepša od dragulja" je osoba koja posjeduje kvalifikacije da ju Bog smatrana prevrijednom, plemenitom, i prekrasnom Dragulj skriven među šljunkom se odmah uoči. Isto tako, svi Božji ljudi koji su ljepši od dragulja se bez sumnje odmah uoče.

Većina dragulja su skupocjena za svoju veličinu, ali blistanje i njihova različita i karakteristična boja privlači ljude u njihovoj potjeri za ljepotom. Međutim, ne smatra se svo blještavo kamenje za dragulje. Pravi dragulj mora imati nijanse i sjaj, kao i fizičku čvrstoću. Ovdje, "fizička čvrstoća" se odnosti na sposobnost materijala da podnosi toplinu, da se ne kontaminira sa kontaktom s drugim stvarima, i zadržava svoj oblik. Drugi važan faktor je nestašica.

Ako postoji lađa veličanstvenog sjaja, fizičke čvrstoće, i rijetkosti, kako je prevrijedna, plemenita i prekrasna bila ta lađa? Bog želi da Njegova djeca postanu lađe ljepše od dragulja i želi da vode blagoslovljene živote. Kada Bog otkrije takve lađe, On obilno ulijeva u njih znakove Svoje ljubavi i zadovoljstva.

Kako mi možemo postati lađa ljepša od dragulja u očima Boga?

Prvo, moraš ostvariti posvećenost u svojem srcu sa riječima Boga, koje su sama istina.

Da bi lađa bila korištena za svoju izvornu svrhu, iznad svega mora biti čista. Čak i skupa, zlatna lađa se ne može koristiti ako je umrljana i označena sa smradom. Samo kada je ta skupa, zlatna lađa očišćena u vodi se može koristiti za svoju svrhu.

Isti se principima primjenjuje za Božju djecu. Za Svoju djecu, Bog je pripremio velike blagoslove i obilne darove, blagoslove bogatstva i zdravlja, i slično. Da bi mi primili te blagoslove i darove, mi se prvo moramo pripremiti kao čista lađa.

Mi nalazimo u Jeremiji 17:9, "Lukavo je srce, više nego sve, i podmuklo. Tko da ga shvati?" Isto tako nalazimo po Mateju 15:18-19 u kojem Isus govori, "A što dolazi iz usta, izlazi iz srca, i to čini čovjeka nečistim. Jer iz srca dolaze zle misli, ubojstvo, preljuba, bludnost, krađa, lažno svjedočanstvo, hula na Boga." Prema tome, samo nakon što očistimo naša srca mi možemo postati čiste lađe. Jednom kada je lađa čista, nitko od nas ne može misliti "zle misli," izgovoriti zle riječi, ili činiti zla djela.

Čišćenje našeg srca je moguće samo sa duhovnom vodom, riječi Božjom. Zato nas On potiče u poslanici Efežanima 5:26 da je posveti, očistivši je kupelju vodenom u riječi," i u poslanici Hebrejima 10:22 On nas potiče da "pristupajmo istinitim srcem u punini vjere, očišćeni u srcima od zle savjesti, i oprani po tijelu vodom čistom!"

Kako nas onda duhovna voda- riječ Božja- čisti? Mi moramo slušati različite zapovijedi koje se nalaze u šezdeset i šest knjiga Biblije koje služe da "očiste" naša srca. Slušajući zapovijedi kao "Ne čini" i "Odbaci" će nas u konačnici voditi da odbacimo sve grešno i zlo.

Ponašanje onih koji su očistili svoja srca sa Njegovom riječi će se isto promijeniti i bacati svjetlo Krista. Međutim, slušajući riječi se ne može ostvariti samo sa vlastitom snagom i voljom; Duh Sveti mora voditi i pomagati mu.

Kada čujemo i razumijemo Riječ, otvorimo naša srca, mi prihvaćamo Isusa kao našeg Spasitelja, Bog nam daje Duha Svetog kao dar. Duh Sveti se nalazi u ljudima koji prihvate Isusa kao svog Spasitelja, i pomaže im čuti i razumjeti riječ istine. Sveto Pismo nam govori "Ono što je rođeno od tijela, tijelo je; a što je rođeno od Duha, duh je" (Po Ivanu 3:6). Božja djeca koja prime Duh sveti kao dar odbacuju svakodnevni grijeh i zlo sa moći Duha Svetog, i postaju duhovni ljudi.

Da li je netko od vas nervozan i brine se, misleći, "Kako se mogu pridržavati svih tih zapovijedi?"

1. Ivanova poslanica 5:2-3 podsjeća nas, "Po tom znamo, da ljubimo djecu Božju, ako Boga ljubimo i njegove zapovijedi držimo. Jer je ovo ljubav Božja, da zapovijedi

njegove držimo, i zapovijedi njegove nijesu teške." Ako voliš Boga iz dubine svojeg srca, slušajući Njegove zapovijedi nije teško.

Kada roditelji rode svoje dijete, roditelj gleda na svaki aspekt svojeg djeteta uključujući hranjenje, oblačenje, kupanje, i slično. U jednu ruku, ako roditelj gleda na dijete kao da nije njegovo, može se osjećati tegobno. U drugu ruku, ako roditelj gleda na svoje dijete, nikad se neće osjećati tegobno. Čak i ako se to dijete budi i plače u sred noći, roditelju to neće smetati, oni jednostavno jako vole to dijete. Čineći nešto za svojeg voljnog je izvor velike radosti i sreće; nije teško i iritirajuće. Na isti način, ako stvarno vjerujemo da je Bog Otac našeg duha, i u Njegovoj nemjerljivoj ljubavi, dao nam Svog jednog i jedinog Sina da se razapne na križu za nas, kako Ga mi ne bi voljeli? Nadalje, ako volimo Boga, živjeti prema Njegovoj riječi neće naporno. Umjesto, biti će naporno i agonizirajuće kada ne živimo prema Božjoj riječi ili ne slušamo Njegovu volju.

Ja sam patio od raznih bolesti sedam godina dok me

moja starija sestra nije odvela u Božje svetište. Kroz primanje vatre Duha Svetog i ozdravljenja svih mojih bolesti u trenutku kada sam kleknuo u svetištu, sreo sam živog Boga. To je bio 17. travanj 1974. Iza toga, počeo sam posjećivati sve vrste misnih slavlja sa punom zahvalnosti Božje milosti. U studenome te godine, posjetio sam svoj prvi susret oživljavanja na kojem sam počeo učiti Njegovu Riječ, osnove nečijeg života u Kristu.

"Ah, ovo je kakav je Bog!"
"Moram odbaciti sve svoje grijehe."
"Ovo se dogodi ako vjerujem!"
"Moram prestati pušiti i piti."
"Moram se konstantno moliti."
"Davati desetinu je obavezno,
   i ne smijem doći pred Boga praznih ruku."

Cijeli tjedan, primao sam riječ samo sa "Amen!" u svojem srcu.

Nakon tog susreta oživljavanja, prestao sam pušiti i piti, i počeo sam davati desetinu i darove zahvalnosti. Također

Autor Dr. Jaerock Lee

sam se počeo moliti u zoru i postupno postao čovjek molitve. Učinio sam točno onako kako sam naučio, i počeo također čitati Bibliju.

Izliječen sam svi svojih bolesti i slabosti, nijedna od njih se nije mogla izliječiti svjetovnim načinima, nego sa moći Boga. Prema tome, ja sam mogao potpuno vjerovati u svaki stih i poglavlje Biblije. Pošto sam bio početnik u vjeru u to vrijeme, bilo je nekih dijelova Svetog Pisma koje nisam mogao lako shvatiti. Ipak, zapovijedi sam mogao shvatiti i počeo sam ih odmah slušati. Na primjer, kada mi je Biblija rekla da ne lažem, ja sam sebi rekao, "Laganje je grijeh! Biblija mi kaže da ne smijem lagati, tako da ja neću lagati." Isto sam se molio, "Bože, pomozi mi odbaciti nesmotrene laži!" Nije da sam varao ljude sa zlim srcem, ali ipak ja sam se spremno molio tako da mogu prestati nesmotreno lagati.

Mnogi ljudi lažu, a mnogi od njih to ni ne shvaćaju. Kada netko, sa kojim ne bi htio pričati preko telefona nazove, ti jednostavno pitaš svoje dijete, kolegu, ili prijatelja "Reci im da ja nisam tu"? Mnogi ljudi lažu jer je to "obzirno" prema drugima. Takvi ljudi lažu, na primjer, kada ih se pita žele li nešto jesti ili piti kada posjećuju druge. Iako nisu jeli ili su žedni, gost koji ne želi biti "tegoban" često kaže domaćinu. "Ne, hvala ti. Pojeo sam (popio) nešto prije nego sam došao ovdje." Međutim, nakon što sam ja saznao o laganju čak i sa dobrim namjerama je ipak laganje, konstantno sam se molio da odbacim laganje i na kraju sam čak i odbacio nesmotrene laži.

Međutim, načinio sam popis svih zlih i grešnih stvari koje moram odbaciti, i molio sam se. Tek nakon što sam se uvjerio da sam zasigurno odbacio jednu zlu u grešnu naviki ili djelo, prekrižio sam to djelo sa crvenom olovkom. Ako je postojalo nešto zlo i grešno što nisam mogao lako odbaciti čak i sa odlučnom molitvom, počeo sam postiti bez kašnjenja. Ako nisam mogao odbaciti nakon trodnevnom posta, produžio sam post na pet dana. Ako sam ponovio isti grijeh, onda krenem na sedmodnevni post. Međutim, rijetko sam postio cijeli tjedan; nakon trodnevnog posta, odbacio sam većinu grijeha i zla. Koliko god sam odbacivao zlo kroz ponavljanje takvog procesa, postajao sam sve čišća lađa.

Tri godina nakon što sam sreo Gospoda, odbacio sam sve neposlušno prema riječi Boga i mogao sam se smatrati čistom lađom u Njegovom vidu. U dodatku, kako sam vjerno i marljivo držao zapovijedi, uključujući "Čini" i "Drži" mogao sam živjeti prema Njegovoj riječi u kratko vrijeme. Kako sam se preobrazio u čistu lađu, Bog me obilno blagoslovio. Moja obitelj je primila blagoslov zdravlja. Ja sam mogao brzo otplatiti sve svoje dugove. Primio sam blagoslov i fizički i duhovno. To je zbog toga što, Biblija nas uvjerava u slijedeće: "Ljubljeni, ako nas srce ne kori, imamo pouzdanje u Boga, i štogod molimo, primamo od njega, jer zapovijedi njegove držimo i činimo, što je njemu ugodno" (1. Ivanova poslanica 3:21-22).

Drugo, da bi postali lađa ljepša od dragulja, ti se moraš "pročišćen vatrom" i osvijetljen duhovnim svjetlom.

Skupo drago kamenje na prstenju ili ogrlicama je jednom bilo nečisto. Međutim, njih su kamenorezači rafinirali tako da odaju briljantnu svjetlost i posjeduju prelijepi oblik.

Baš kao što ti sposobni kamenorezači režu, poliraju, i rafiniraju vatrom to drago kamenje i pretvaraju ga u predivne oblike sa velikim sjajem, Bog disciplinira Svoju djecu. Bog disciplinira ne samo zbog naših grijeha, nego tako da nas kroz tu disciplinu može fizički i duhovno nas blagoslovi. U očima Njegove djece koja su zgriješila i počinila neku pogrešku, može se činiti kao da trpe bol ili pretrpljuju iskušenje. To je proces kroz koji Bog trenira i disciplinira Svoju djecu tako da oni mogu širiti ljepše boje i sjaj. 1. Petrova poslanica 2:19 nas podsjeća, "Jer je ovo ugodno, ako tko iz savjesnosti prema Bogu podnosi žalosti, kad trpi nepravdu." Isto tako čitamo, "Da se kušnja vaše vjere, mnogo dragocjenija od zlata raspadljivoga, koje se kuša ognjem, nađe na hvalu i slavu i čast u dan objavljenja Isusa Krista" (1. Petrova poslanica 1:7).

Čak i ako su djeca Boga već odbacila svaku vrstu zla i poslatala posvećena lađa, u vrijeme po Njegovom izboru, Bog im dopušta da budu disciplinirani i suđeni tako da mogu izaći kao lađe ljepše od dragulja. Kao što nam druga polovica 1. Ivanove poslanice 1:5 govori, "da je Bog svjetlost, i tame u njemu nema nikakve" jer je Bog samo prekrasno svijetlo bez mane ili mrlje, On vodi Svoju djecu do istog nivoa svjetla.

Prema tome, kada prevladaš svako Bogom dopušteno iskušenje u dobroti u ljubavi, ti ćeš postati još svjetlucavija i ljepša lađa. Nivo duhovnog autoriteta i moć je različit prema jakosti duhovnog svijetla. U dodatku, kada duhovno svijetlo sja, neprijatelj vrag i Sotona nemaju mjesta za stajati.

Po Marku 9 postoji scena u kojoj Isus istjeruje zlog duha iz dječaka čiji je otac molio Isusa da izliječi njegovog sina. Isus je korio zlog duha. "Duše nijemi i gluhi! Ja ti zapovijedam: 'Izađi iz njega i ne vraćaj se više nikada natrag u njega'" (s.25). Zli duh je napustio dečka, koji je opet postao zdrav. Prije te scene bila je još jedna epizoda u kojoj otac donosi svog sina do Isusovih učenika, koji nisu mogli istjerati zlog duha. To je zbog toga što je nivo duhovnog svjetla učenika i Isusov nivo različit.

Što, onda, mi moramo učiniti da bismo ušli u Isusov nivo duhovnog svijetla? Mi možemo pobijediti u svakom iskušenju čvrsto vjerujući u Boga, prevladavajući zlo sa dobrim, te čak i voljeti neprijatelja. Posljedično, jednom kada tvoja dobrota, ljubav, i pravednost se smatraju istinitim, baš kao Isus, ti možeš istjerivati zle duhove i liječiti svake bolesti i slabosti.

Blagoslovi za lađe ljepše od dragulja

Kako sam ja hodao putem vjere tijekom godina, i ja sam prevladao nebrojena iskušenja. Na primjer, na osuđivanje televizijskog programa prije par godina, ja sam pretrpio iskušenje koje je bilo bolno i agonizrajuće kao smrt. Kao posljedica, ljudi koji su primili milost kroz mene i mnogi drugi koje sam dugo smatrao bliskim kao obitelj izdali su me.

Svjetovnim ljudima, ja sam postao subjekt nesporazuma i predmet krivnje, dok su mnogi Manmin članovi trpjeli i bili svjetovno progonjeni. Ipak, Manmin članovi i ja smo prevladali to iskušenje sa dobrotom, i kako smo predali sve

Bogu, mi smo molili Boga ljubavi za milost da im oprostimo.

Nadalje, nisam mrzio ili odbacio one koji su otišli i učinili stvari teškima za crkvu. Usred tih bolnih iskušenja, ja sam vjerno vjerovao da me moj Bog Otac voli. Zato sam mogao susresti i one koji su mi učinili zlo sa samo dobrotom i ljubavi. Kao što student prima prepoznanje za svoj težak rad i zasluge kroz ispitivanje, jednom kad je moja vjera, dobrota, ljubav, i pravednost primila Božje prepoznanje, On me je blagoslovio da mogu izvoditi i manifestirati Njegovu moć još jače.

Nakon iskušenja, On mi je otvorio vraga kroz koja sam ja mogao ostvariti svoju svjetovnu misiju. Bog je radio tako da se desetine tisuća, stotine tisuća, te čak i milijuni ljudi skupe na inozemnim pohodima koje sam ja provodio, i On je bio sa mnom sa Svojom moći koja prevladava vrijeme i prostor.

Duhovno svjetlo sa kojim nas Bog okružuje je sjajnije i

ljepše od bilo kojeg dragulja na ovom svijetu. Bog smatra onu Svoju djecu koju je On okružio sa duhovnim svjetlom lađama ljepšim od dragulja.

Prema tome, svako od vas mora brzo ostvariti posvećenost i postati lađa koja obasjava iskušenjem provjereno duhovno svjetlo i ljepše je od dragulja, tako da ćeš primiti sve što pitaš i voditi blagoslovljen život, u ime našeg Gospoda Isusa Krista ja se molim!

Poruka 4
Svjetlo

1. Ivanova poslanica 1:5

*I ovo je navještenje
koje smo čuli od njega
i javljamo vama,
da je Bog svjetlost,
i tame u njemu nema nikakve*

Postoje mnoge vrste svjetla i svaki od njih ima vlastiti čudesnu sposobnost. Iznad svega, obasjava tamu, daje toplinu, i ubija štetne bakterije i gljivice. Sa svjetlom, biljke mogu održavati život kroz fotosintezu.

Međutim, to je fizičko svjetlo koje mi vidimo sa našim golim okom i dodirom, a duhovno svjetlo mi ne možemo vidjeti i dodirnuti. Baš kao što fizičko svjetlo ima mnogo sposobnosti, u duhovnom svjetlu je nemjerljiv broj sposobnosti. Kada svjetlo sja u noći, tama se odmah povlači.

Na isti način, kada duhovno svjetlo sja u našem životu, duhovna tama će se brzo povući kako mi hodamo u Božjoj ljubavi i milosti. Pošto je duhovna tama korijen bolesti i problema u kući, na poslu, i u vezi, mi ne možemo naći pravi komfor. Međutim, kada duhovno svijetlo sja u našim životima, problemi koji su iznad limita ljudskog znanja i sposobnosti se mogu razriješiti i sve će se naše želje ostvariti.

Duhovno svjetlo

Što je duhovno svjetlo i kako radi? Mi odgovor nalazimo u drugoj polovici 1. Ivanove poslanice 1:5 da je "da je Bog svjetlost, i tame u njemu nema nikakve" i po Ivanu 1:1, "i Bog bijaše Riječ." U zaključku, "svjetlo" se odnosi ne samo na Samog Boga, nego i na Njegovu riječ koja je istina, dobrota, i ljubav. Prije stvaranja svih stvari, u prostranstvu svemira Bog je sam postojao i nije nosio nikakav oblik. Kao unija svjetla i zvuka, Bog je gajio sav svemir. Briljantno, veličanstveno, i prekrasno svjetlo okružuje cijeli svemir i iz te svjetlost je izašao elegantni, jasni, i zvučni glas

Bog koji je postojao kao svjetlo i zvuk osmislio je providnost kultivacije čovječanstva da dobije pravu djecu. On je onda uzeo jedan oblik, odvojio Sebe u Trojstvo, i u Svoju sliku stvorio čovječanstvo. Međutim, bit Boga je još uvijek svjetlo i zvuk, i On još radi sa svjetlom i zvukom. Iako je On u obliku ljudskog bića, u tom obliku je svjetlo i zvuk Njegove neograničene moći.

U dodatku Božje moći, postoje drugi elementi istine, uključujući ljubav i dobrotu u ovom duhovnom svjetlu. Šezdeset i šest knjiga Biblije je kolekcija istina duhovnog svjetla koje su izgovorene u zvuku. Drugim riječima, "svjetlo" se odnosi na sve zapovijedi i stihove u Bibliji koji se odnose na dobrotu, pravednost, i ljubav, uključujući "Ljubi bližnjeg svoga," "Moli se neprestano," "Svetkuj dan Gospodnji," "Poštuj Deset Zapovijedi," i slično.

Hodaj u svjetlu da bi sreo Boga

Dok Bog upravlja svijetom svjetla, neprijatelj vrag i Sotona upravljaju svijetom tame. Nadalje, pošto neprijatelj vrag i Sotona se protive Bogu, ljudi koji žive u svijetu tame ne mogu sresti Boga. Prema tome, da bi sreli Boga, riješiti razne probleme u svojem životu, primiti odgovore, ti moraš brzo izaći iz svijeta tame i ući u svijet svjetla.

U Bibliji mi pronalazimo mnogo "Čini" zapovijedi. To uključuje "Ljubi jedan drugoga." "Služi jedan drugoga," "Moli," "Budi zahvalan" i slično. Također postoje "Poštuj" zapovijedi, uključujući "Svetkuj dan Gospodnji," "Poštuj Deset Zapovijedi," "Poštuj Božje zapovijedi," i slično. Postoje mnoge, "Ne čini" zapovijedi, uključujući "Ne laži," "Ne mrzi," "Ne traži vlastiti dobro," "Ne svetkuj idole," "Ne kradi," "Ne budi ljubomoran," "Ne budi zavidan," "Ne ogovaraj," i slično. Postoje također "Odbaci" zapovijedi, uključujući "Odbaci sve vrste zla," "Odbaci zavist i ljubomoru," "Odbaci pohlepu," i slično.

U jednu ruku, slušati te zapovijedi Boga znači živjeti u svijetlu, sličiti našem Gospodu, i sličiti našem Bogu Ocu. U drugu ruku, ako ne činiš ono što ti Bog kaže, ako se ne pridržavaš onoga što ti On kaže da držiš, ako ti činiš ono što ti On kaže da ne činiš, i ako ti ne odbaciš ono što ti On kaže da odbaciš, ti ćeš nastaviti biti u tami. Prema tome, podsjećajući se da ne slušati Božju riječ znači da ćemo biti u svijetu tame kojim upravlja neprijatelj vrag i sotona, mi moramo uvijek živjeti prema Njegovoj riječi i hodati u svijetlu.

Prijateljstvo sa Bogom kada mi hodamo u svijetlu

Kako nam prva polovica 1. Ivanove poslanice 1:7 govori, "Ako li u svjetlosti hodimo, kao što je on u svijetlu, imamo zajedništvo jedan s drugim," samo kada mi hodamo i boravimo u svijetlu mi možemo reći da imamo prijateljstvo sa Bogom.

Baš kao što postoji prijateljstvo između oca i njegove djece, mi isto tako moramo imati prijateljstvo sa Bogom, Ocem našeg duha. Međutim, da bi ostvarili i održali prijateljstvom sa Njim, mi moramo sresti uslove: odbaciti grijehe hodanjem u svijetlu. Zato "Ako reknemo, da imamo zajedništvo s njim, a u tami hodimo, lažemo i ne činimo istine" (1 Ivanova poslanica 1:6).

"Prijateljstvo" nije jednostrano. Samo zato što znao o nekome, to ne znači da si prijatelj sa tom osobom. Samo kada se obje strane zbliže, upoznaju se, vjeruju, i ovise, i pričaju međusobno može biti "prijateljstva" među njima.

Na primjer, većina vas zna kralja ili predsjednika svoje

zemlje. Bez obzira kako dobro znaš o predsjedniku, ako on tebe ne zna, nema prijateljstva između tebe i predsjednika. Nadalje, u prijateljstvu postoje različite dubine. Vas dvoje možete biti tek poznanici, vas dvoje možete biti bliski dovoljno da pitate se međusobno kako si s vremena na vrijeme; ili, vas dvoje možete imati intimni odnos u kojem dijelite najdublje tajne.

Isto je i sa prijateljstvom sa Bogom. Da bi naš odnos sa Njim bio pravo prijateljstvo, Bog nas mora upoznati i prihvatiti nas. Ako imamo duboko prijateljstvo sa Bogom, nećemo biti bolesni ili slabi, i neće biti ničega u čemu nećemo primiti odgovore. Bog želi dati Svojoj djeci samo najbolje, i govori nam u Ponovljenom zakonu 28 da kada potpuno slušamo Boga i pažljivo slijedimo Njegove zapovijedi, on će nas blagosloviti kada mi dođemo i blagosloviti nas kada odemo; mi ćemo posuditi jedan od drugoga; i mi ćemo biti glava a ne rep.

Oci vjere koji su imali pravo prijateljstvo sa Bogom

Kakvu je vrstu prijateljstva imao David, kojeg je Bog ocijenio "čovjeka po srcu mojemu" (Djela apostolska 13:22)? David je volio, bojao se, i ovisio potpuno o Bogu svo vrijeme. Kada je bježao od Saula ili išao u borbu, kao dijete pitao je jedno po jedno svoje roditelje što bi trebao činiti, David je uvijek pitao, "Što da učinim? Gdje trebam ići?" i činio je kako mu je Bog zapovjedio. Nadalje, Bog uvijek daje Davidu nježan i detaljan odgovor, i kako je David činio kako mu je Bog rekao on uvijek ostvari pobjedu nad pobjedom (2. Samuelova 5:19-25).

David je mogao uživati u prekrasnoj vezi sa Bogom jer, sa svojom vjerom, David je udovoljio Bogu. Na primjer, rano u vladavini kralja Saula, Filistejci su napali Izrael. Filistejce je predvodio Golijat, koji se rugao Izraelskoj vojsci i hulio i kaljao ime Boga. Ipak, nitko sa Izraelske strane nije izazvao Golijata. U to vrijeme, iako je bio mladić, David je izašao ususret Golijatu nenaoružan i sa samo pet glatkih kamenčića sa potoka jer je vjerovao u svemoćnog Izraelskog Boga i da ta borba pripada Bogu (1. Samuelova 17). Bog je učinio tako da Davidov kamen udari Golijatovo čelo.

Nakon što je Golijat umro, omjer snage se okrenuo, i Izrael je ostvario potpunu pobjedu. Zbog svoje čvrste vjere, Bog je Davida ocijenio "čovjeka po srcu mojemu", i kao otac i sin sa intimnim odnosom su diskutirali o svakom odnosu, David će mogao ostvariti sve stvari sa Bogom pored sebe.

Biblija također govori da je Bog pričao sa Mojsijem lice u lice. Na primjer, kada je Mojsije hrabro pitao Boga da mu pokaže Svoje live, Bog je bio voljan dati mu sve što je pitao (Izlazak 33:18). Kako je Mojsije imao tako blizak i intiman odnos sa Bogom?

Ubrzo nakon što je Mojsije izveo Izraelce iz Egipta, on je postio i komunicirao sa Bogom četrdeset dana na vrhu planine Sinaj. Kada se Mojsijev povratak odužio, Izraelci su stvorili idola kojeg bi mogli slaviti. Nakon što je to vidio, Bog je rekao Mojsiju da će On uništiti Izraelce i da će On od Mojsija stvoriti veliku naciju (Izlazak 32:10).

Na to, Mojsije je molio Boga: "Povrati se od raspaljenoga gnjeva svojega, i neka ti bude žao zbog zla, što si ga namijenio narodu svojemu" (Izlazak 32:12). Slijedeći dan, on je ponovo molio Boga: "Ah, teško sagriješi narod ovaj, napravivši sebi boga od zlata. Ipak mu sada oprosti grijeh njegov. Ako nećeš, onda me radije izbriši iz knjige, koju vodiš." (Izlazak 32:31-32) Kakva veličanstvena i iskrena molitva ljubavi je to!

Nadalje, mi nalazimo u Brojevima 12:3, "A Mojsije bio je čovjek veoma blag, blaži od svih ljudi na zemlji." Brojevi 12:7 pišu, "A tako ne biva s mojim slugom Mojsijem. On je povjerenik u vodstvu cijele kuće moje." Sa svojom velikom ljubavi i blagim srcem Mojsije je mogao biti vjeran u svoj Njegovoj kući i uživati intiman odnos sa Bogom.

Blagoslovi za ljude koji hodaju u svjetlu

Isus, koji je došao na ovaj svijet kao svjetlo svijeta, učen samo istini i evanđelju neba. Međutim, ludi u radu tame koji pripadaju neprijatelju vragu ne mogu razumjeti svjetlo čak i kad im je objašnjeno. U njihovom protivljenju, ljudi u svijetu tame ne mogu prihvatiti svjetlo niti primiti spasenje, ali umjesto toga idu na put uništenja.

Ljudi dobra srca mogu vidjeti svoje grijehe, pokajati se za njih, i primiti spasenje kroz svjetlo istine. Ali slijedeći želje Duha Svetog, oni također rađaju svjetlo svakog dana i hodaju u svjetlu. Manjak njihove mudrosti ili sposobnosti više nije problem. Oni će uspostaviti komunikaciju sa Bogom koji je svjetlo, i primiti glas i nadzor Duha Svetog. Onda će sve dobro ići sa njima i oni će primiti mudrost neba. Čak i ako imaju probleme da su upetljani kao u paukovu mrežu, ništa ih ne može spriječiti u rješavanju problema i nikakve prepreke ih ne mogu zaustaviti na njihovom putu jer ih Duh Sveti osobno vodi svaki dio puta.

Kao što nas 1. poslanica Korinčanima 3:18 potiče, "Nitko neka se ne vara! Ako tko među vama misli, da je mudar na ovome svijetu, neka bude lud, da bude mudar," mi moramo shvatiti da je mudrost riječi budalasta pred Bogom.

Nadalje, kao u Jakovljevoj poslanici 3:17 govori nam, "A mudrost odozgo jest najprije čista, onda mirotvorna, čedna, popustljiva, poslušna, puna milosrđa i dobrih plodova, nepristrana, nelicemjerna." Kada ostvarimo posvećenost i odemo u svjetlo, mudrost neba će doći u nas. Kada hodamo u svjetlu, mi ćemo doći do nivoa u kojem ćemo biti sretni čak i ako nam manjka, i mi ne osjećamo da nam nešto manjka čak i ako nam uistinu nešto manjka.

Apostol Pavao ispovijeda u poslanici Filipljanima 4:11, "Ne govorim zbog oskudice, jer se ja navikoh biti zadovoljan onim, što imam." Na isti način, ako hodamo u svjetlu mi ćemo ostvariti Božji mir, sa tim mir i radost će izaći i prevladati nad nama. Ljudi koji stvaraju mir sa drugima se neće svađati ili biti neprijateljski prema svojim obiteljima. Umjesto toga, kako ljubav i milost prevladavaju u njihovom srcu, ispovijedanje zahvalnosti neće prestajati sa njihovih usana.

Nadalje, kada mi hodamo u svjetlu i sličimo na Boga koliko je god moguće, On nam govori u 3. Ivanovoj poslanici 1:2 "Ljubljeni, želim, da ti u svemu bude dobro, i da budeš zdrav, kao što je tvojoj duši dobro," mi ćemo zasigurno primiti ne samo blagoslove prosperiteta u svemu, nego i autoritet, sposobnost, i moć Boga koji je svjetlo.

Nakon što je Pavao sreo Gospoda i hodao u Svjetlu, Bog mu je omogućio manifestirati nevjerojatnu moć kao apostol Nevjernika. Iako Stjepan i Filip nisu bili proroci ili jedni od Isusovih učenika, Bog je svejedno jako radio kroz njih. U Djelima apostolskim 6:8 nalazimo "A Stjepan, pun milosti i jakosti, činio je velika čudesa i znake u narodu." U Djelima apostolskim 8:6-7 također nalazimo, "Narod je pazio jednodušno na ono, što je govorio Filip, slušajući i gledajući znake, što ih je činio. Jer su nečisti dusi izlazili s velikom vikom iz mnogih opsjednutih i mnogi su uzeti i hromi ozdravili."

Jednom kad prikažemo Božju moć u cijelosti mi postajemo posvećeni hodanjem u svjetlu i sličimo na Gospoda. Bilo je samo nekoliko ljudi koji su prikazali Božju moć. Ipak, čak i među tim koji su mogli prikazati Njegovu moć, količina prikazane moći je bila različita ovisno o tome koliko je svaka osoba sličila Bogu koji je svjetlo.

Jesam li ja živuće svjetlo?

Da bi primili veliki blagoslov koji je darovan onima koji hodaju u svjetlu, svaki od nas prvo mora pitati i ispitati sebe, "Jesam li ja živuće svjetlo?"

Čak i ako nemaš posebne problem(e), ti bi se trebao ispitati da li vodiš "mlak" život u Kristu, ili nisi li čuo i nisi upravljan Duhom Svetim. Ako je to tako, moraš se probuditi iz svog duhovnog sna.

Ako si odbacio neki stupanj i količinu zla, ne bi trebao biti zadovoljan; kako dijete stari u odraslu osobu, ti moraš također doći do vjere očeva. trebao bi imati zajedništvo velike dubine sa Bogom kao i intimno prijateljstvo sa Njim.

Ako trčiš prema posvećenosti, ti moraš otkriti čak i najmanje ostatke zla i iskorijeniti ih. Što više autoriteta ima i što veća glava postaješ, ti uvijek prvo moraš služiti i tražiti interese drugih. Kada drugi, uključujući i one manje od tebe, ukažu na tvoje pogreške, ti ih moraš poslušati. Umjesto da se osjetiš uvrijeđeno i neugodno i otuđiš one koji zalutaju sa puta čovjeka i čine zlo, u ljubavi i dobroti ti moraš tolerirati i pomicati ih dirljivo. Nikoga ne smiješ isključiti ili ih prezirati. Također ne smiješ zanemariti druge zbog svoje vlastite pravednosti ili uništiti mir.

Ja sam pokazao i dao više ljubavi mlađima, siromašnijima i slabijim ljudima. Kao roditelj koji više brine za svoje slabije i bolesnije dijete nego ono zdravo, ja se jače molim za ljude u takvim situacijama, nikad ih ne zanemarim, i pokušavam im služiti ih centra svojeg srca.

Oni koji hodaju u svjetlu moraju imati suosjećanja za čak i ljude koji su činili pogreške, i moći im oprostiti i pokriti njihove pogreške umjesto ukazivati na njihovu krivnju.

Čak i radeći Božji rad, nikad ne smiješ ukazivati na svoju korist ili uspjeh, nego prihvatiti napor drugih sa kojima si radio. Kada je njihov uspjeh prihvaćen i pohvaljen, trebao bi biti sretniji i radosniji.

Možeš li zamisliti koliko Bog voli takvu Svoju djecu čija srca sliče srcu Gospoda? Način na koji je On hodao sa Enohom 300 godina, Bog će hodati sa Svojom djecom koja Mu sliče. Nadalje, On im neće dati samo blagoslov zdravlja i sve će im dobro ići u svim stvarima, nego i Svoju moć sa kojom će ih On koristiti kao vrijedne lađe.

Prema tome, čak i ako misliš da imaš vjere i voliš Boga, ti bi trebao preispitati koliko tvoje vjere i ljubavi On zapravo prihvaća, i hodati u svjetlu tako da tvoj život preljeva sa dokazima njegove ljubavi i prijateljstva sa Njim, u ime našeg Gospoda Isusa Krista ja se molim!

Poruka 5
Moć svjetla

1. Ivanova poslanica 1:5

*I ovo je navještenje
koje smo čuli od njega
i javljamo vama,
da je Bog svjetlost,
i tame u njemu nema nikakve*

U Bibliji, postoje mnogi primjeri u kojima mnogi ljudi primaju spasenje, liječenje, i odgovore kroz stvarno nevjerojatan rad Božje moći koja je prikazanja sa Njegovim Sinom Isusom. Kada Isus zapovijedi, sve vrste bolesti su odmah izliječene a slabosti su osnažene i obnovljene.

Slijepi mogu vidjeti, nijemi mogu pričati, i gluhi mogu čuti. Čovjek sa smežuranom rukom je izliječen, bogalj je počeo ponovo hodati, a paralitičar je primio lijek. Nadalje, zli duhovi su istjerani i mrtvi oživljeni.

Ti nevjerojatni radovi Božje moći su se manifestirali ne samo sa Isusom, nego i sa mnogim prorocima Starog Zavjeta i apostolima Novog Zavjeta. Naravno, Isusova manifestacija Božje moći ne može biti jednaka onom od proroka i apostola. Unatoč tomu, ljudi koji sliče Isusu i Samom Bogu, On daje moć i koristi ih kao Svoje lađe. Bog koji je svjetlo manifestira Svoju moć kroz đakone kao što su Stjepan i Filip jer su oni postigli posvećenost hodajući u svjetlu i sličeći Gospodu.

Apostol Pavao prikazuje veliku moć tako da je čak smatran "bogom"

Među svim likovima Novog Zavjeta, apostol Pavao prikazuje Božju moć koja je druga u rangu ispod Isusove. On je propovijedao evanđelje Nevjernicima, koji nisu znali Boga, poruka autoriteta koja je bila popraćena sa znakovima i čudima. Sa takvom vrstom moći, Pavao je mogao svjedočiti da je Bog pravo božanstvo i Isus Krist.

Iz činjenice da je u to doba bilo jako puno idolopoklonstva i inkantacija, moralo je biti ljudi među Nevjernicima koji su varali druge. Širenje evanđelja među takvim ljudima je bilo potrebno prikazati rad Božje moći koja je daleko prelazila moći tih lažnih inkantarota i rada zlih duhova (Poslanica Rimljanima 15:18-19).

Iz Djela apostolskih 14:8 pa nadalje su scene u kojima apostol Pavao propovijeda evanđelje u regiji zvanoj Listra. Kada je Pavao zapovjedio čovjeku koji je bio bogalj cijelog svog života, "Ustani na svoje noge uspravo!" čovjek se ustao i počeo hodati (Djela apostolska 14:10). Kada su ljudi vidjeli to, oni su priznali "Bogovi siđoše k nama u čovječjoj prilici!" (Djela apostolska 14:11). U Djelima apostolskim 28 je scena u kojoj apostol Pavao dolazi na otok Maltu nakon brodoloma. Kada je skupio hrpu granja i stavio ju u vatru, zmija, istjerana toplinu, svezala se na njegovu ruku. Nakon što su to vidjeli, otočani su očekivali da oteče i odjednom umre, ali kad se ništa nije dogodilo Pavlu, ljudi su govorili da je on bog (s.6).

Jer je apostol Pavao imao srce koje je bilo ispravno u očima Boga, on je mogao prikazati moć Njegove moći čak i kad je on izgledao kao "bog" ljudima.

Moć Boga koji je svjetlo

Moć je dana je zato što su netko zaslužuje, nego je dana onima koji sliče Bogu i koji su ostvarili posvećenosti. Čak i danas, Bog traži ljude kojima bi On mogao dati Svoju moć da ih koristi kao lađe slave. Zato nas po Marku 16:20

podsjeća na to. "A oni otidoše i počeše propovijedati posvuda. Gospodin je djelovao s njima i potvrđivao riječ njihovu čudesima, što su slijedila." Isus isto tako govori po Ivanu 4:48, "Ako ne vidite znakova i čudesa, ne vjerujete." Vodeći nebrojene ljude u spasenje traži moć neba koja može prikazati znakove i čuda, koja dalje svjedoče o živućem Bogu. U doba u kojem grijeh i zlo posebno uspijevaju, znakovi i čuda su sve više potrebni.

Kada hodamo u svjetlu i postanemo jedno u duhu sa našim Bogom Ocem, mi možemo prikazati veličinu moći koju je Isus prikazao. Zato je naš Gospod obećao, "Zaista, zaista, kažem vam: Tko vjeruje u mene, djela, koja ja činim, i on će činiti, i veća će od ovih činiti, jer ja idem k Ocu" (Po Ivanu 14:12).

Ako itko prikaže vrstu moći duhovnog svijeta koja je moguća samo sa Bogom, onda je i on prikazan kao Bog. Kao što nas Psalam 62:11 podsjeća, "Jedanput reče Bog o tom, dvaput sam to čuo: 'da je moć u tebe, Bože,'" neprijatelj vrag i Sotona ne mogu prikazati vrstu moći koja pripada Bogu. Naravno, jer su oni duhovna bića oni posjeduju superiornu moć varanja ljudi i tjeraju ih da se protive Bogu. Međutim, jedan faktor ostaje siguran: nijedno biće ne može imitirati moć Boga, sa kojom On kontrolira život, smrt, blagoslov, kletvu, povijest čovječanstva, i stvaranje nečega iz ničega. Moć pripada svijetu Boga koji je svjetlo, i može se prikazati samo sa onima koji su ostvarili posvećenost i došli do mjere vjere Isusa Krista.

Razlika između Božjeg autoriteta, sposobnost i moći

U imenovanju ili misleći na sposobnost Boga, mnogi ljudi izjednačavaju autoritet i moć, ili sposobnost i moć; međutim, postoji jasna razlika između troje.

"Sposobnost" je moć vjere sa kojom je nešto nemoguće za čovjeka moguće za Boga. "Autoritet" je svečana, uzvišena, i veličanstvena moć koju je Bog uspostavio, i u duhovnom svijetu stanje bezgrešnosti je moć. Drugim riječima, autoritet je sama posvećenosti, i ona posvećena djeca Boga koja su temeljito odbacila zlo i neistinu iz njihovih srca mogu primiti duhovni autoritet.

Što je, onda, "moć"? To se odnosi na sposobnost i autoritet Boga koji On dodjeljuje one koji su izbjegli svaku vrstu zla i postali posvećeni.

Uzmi ovo kao primjer. Ako vozač ima "sposobnost" voziti vozilo, onda je prometni policajac koji upravlja prometom ima "autoritet" zaustavljanja bilo koje vozilo. Ovaj autoritet - zaustaviti bilo koje vozilo - policajac je dobio od vlade. Prema tome, iako vozač ima "sposobnost" voziti vozilo, jer manjka "autoriteta" prometnog policajca, kada policajac kaže vozaču da ili stana ili krene, vozač mora poslušati.

Na taj način, autoritet i sposobnost se razlikuju među sobom, i kada su autoritet i sposobnost spojeni, mi ih zovemo moć. Po Mateju 10:1 mi pronalazimo da "On pozva k sebi svojih dvanaest učenika i dade im vlast da izgone duhove nečiste i da liječe svaku bolest i svaku nemoć." Moć sadržava "autoritet" tjeranja zlih duhova i "sposobnost" ozdravljenja svih bolesti i slabosti.

Razlika između dara liječenja i moći

Oni koji nisu upoznati sa moći Boga koji je svjetlo obično ga izjednačavaju sa darom liječenja. Dar liječenja u 1. poslanici Korinčanima 12:9 se odnosi na rad uništavanjem virusnih bolesti. Ne može izliječiti gluhoću i nijemost koja proizlazi ih degeneracije tjelesnih dijelova ili smrti živaca. Takva vrsta bolesti i slabosti se može izliječiti samo sa moći Boga i molitvama vjere koje Ga vesele. Međutim, dok je moć Boga koji je svjetlo prikazana svo vrijeme, dar liječenje ne radi uvijek.

U jednu ruku, Bog daje moć liječenja onima, neovisno o količini ljudske posvećenosti srca, koji vole i mole se velikim djelom za druge i njihove duhove, i koje Bog smatra da bi mogli biti hrabra i korisna lađa. Međutim, ako se dar liječenja ne koristi za Njegovu slavu nego na loš način i za nečiju drugu korist, Bog će ga zasigurno uzeti nazad.

U drugu ruku, moć Boga je dana smo onima koji su ostvarili posvećenost srca; jednom dana, ne slabi ili nestaje jer ju primatelj nikad neće koristiti za svoju vlastiti korist. Umjesto toga, što više netko sliči srcu Gospoda, veći nivo moći Bog mu može dati. Ako srce i ponašanje osobe postaje jedno sa Gospodom, on može prikazati čak i sami rad Božje moći koji je Sam Isus prikazao.

Postoje razlike u načinu na koji je Božja moć prikazana. Dar liječenja ne može izliječiti opasne ili rijetke bolesti i teži je za one sa malo vjere da budu izliječen sa darom liječenja. Međutim, sa moći Boga koji je svjetlo, ništa nije nemoguće. Kada pacijent prikaže čak i mali dokaz svoje vjere, liječenje sa Božjom moći se odmah događa. Ovdje, "vjera" se odnosi na duhovnu vjeru sa kojom netko vjeruje iz centra svojeg srca.

Četiri nivoa moći Boga koji je svjetlo

Kroz Isusa Krista koji je isti jučer i danas, svatko tko je smatran za dobru lađu u Božjem vidu će prikazati Njegovu moć.

Postoje mnogi različiti nivoi prikazivanja Božje moći. Što više ostvariš duh, u veći nivo moći ćeš ući i primiti. Ljudi čije su duhovne oči otvorene mogu vidjeti različite

"Prolijevam suze dan i noć.
Bio sam još više bolan
kada su me ljudi pogledali
kao 'dijete sa AIDS-om'"

Gospod me ozdravio
sa Svojom moći
i da mojoj obitelj smijeh.
Ja sam tako sretan sada!

Esteban Juninka iz Hondurasa, ozdravljen od AIDS-a.

nivoe iluminacije svjetla prema nivou moći Boga. Ljudska bića kao stvorenja mogu prikazati do četiri nivo Božje moći.

Prvi nivo moći je prikaz Božje moći crvenim svjetlom, koja uništava sa vatrom Duha Svetog.

Vatra Duha Svetog izvide iz prvog nivoa moći koji je prikazana sa crvenim svjetlom pali i liječi bolesti uključujući bakterijske i virusne infekcije. Bolesti kao rak, bolesti pluća, dijabetes, leukemija, bolesti bubrega, artritis, srčane probleme, i AIDS se mogu izliječiti. Međutim, to ne znači da se sve te bolesti iznad mogu izliječiti sa prvim nivoom moći. Oni koji su već izašli izvan granica života koje je Bog uspostavio, kao što je slučaj sa zadnjim djelom raka ili bolesti pluća, prvi nivo moći neće biti dovoljan.

Obnova dijelova tijela koja su bila oštećena ili nisu u mogućnosti pravilno funkcionirati zahtjeva veću moć koja neće samo izliječiti nego će i obnoviti dijelove tijela. Čak i u takvom slučaju, stupanj vjere koju pacijent prikaže kao i količina vjere koju obitelj prikaže u ljubavi za njega će odlučiti nivo moći koju će Bog prikazati.

Shama Masaz iz Pakistana oslobođen iz 14 godina opsjednutosti demonom.

Od osnutka, bilo je nebrojenih prikaza prvog nivoa moći u Manmin Centralnoj Crkvi. Kada ljudi slušaju riječ Boga i prime molitve, bolesti svih stanja i ozbiljnosti su očišćene. Kada su se ljudi rukovali sa mnom ili dodirnuli mi odjeću, primili molitvu kroz rubac na kojem sam se ja molio, molitva zabilježena na telefonskoj poruci, ili kada sam se ja molio na fotografiji pacijenta, mi smo svjedočili Božjem liječenu puno puta.

Rad prvog nivoa moći nije ograniče uništavanjem vatrom Duha Svetog. Čak i za trenutak, kada je se netko moli u vjeri i postane inspiriran, potaknut, i ispunjen Duhom Svetim, svaka osoba može prikazati čak i veliki rad Božje moći. Ipak, ovo je samo privremena pojava i nije dokaz trajno utkane moći Boga, pojavljuje se samo kada je to Njegova volja.

Drugi nivo moći je manifestacija Božje moći sa plavim svjetlom.

Malahija 4:2 govori nam, "A vama, koji smjerno častite

ime moje, ogranut će sunce spasenja, što krije zdravlje pod krilima svojim. Vi ćete tada izaći i poskakivati kao teoci, što su stajali u štali." Ljudi čije su duhovne oči otvorene mogu vidjeli kao laserske zrake koje bacaju zrake liječenja.

Drugi nivo moći je tjeranje tame i oslobađanje ljudi koje su zaposjeli demoni, kontrolirani Sotonom, i dominacija nad raznim zlim duhovima. Velika količina mentalnih bolesti je donesena sa moći tame, uključujući autizam, živčani slom, i drugi su izliječeni sa drugim nivoom moći.

Te vrste bolesti se mogu spriječiti ako se "uvijek radujemo" i "dajemo hvalu u svemu." Umjesto da smo uvijek radosni i dajemo hvalu u svim okolnostima, ako počneš mrziti druge, imati loše osjećaje, misliti negativno, i lako postajati ljut, onda ćeš biti pogodan za takve bolesti. Kada Sotonine sile, koje tjeraju ljude da imaju zle misli i srce, su otjerani, sve te mentalne bolesti će se prirodno izliječiti.

S vremena na vrijeme, drugim nivoom Božje moći, fizičke bolesti i slabosti su izliječene. Takve bolesti i slabosti su donesene sa radom demona i vragova i liječe se sa svjetlom drugog nivoa Božje moći. Ovdje, "slabosti" se odnose na degeneraciju i paralizu dijelova tijela, kao što je slučaj sa nijemima, gluhima, bogaljima, slijepima, paraliziranima od rođenja, i slično.

Od Marka 9:14 pa na dalje je scena u kojoj Isus istjeruje "gluhi i nijemi duh" iz dječaka (s.25). Taj dječak je postao gluh i nijem jer je zli duh bio u njemu. Kada je Isus istjerao tog duha, dječak je odmah izliječen.

Na isti način, kada je uzrok bolesti sila tame, uključujući demone, zle duhove se mora istjerati da bi se pacijent izliječio. Ako netko pati zbog problema u probavnom sustavu kao posljedicu živčanog sloma, taj uzor se mora iskorijeniti tjeranjem sila Sotone. U takvim bolestima kao paraliza i artritis, rad sile i ostatci tame se također nalaze. Nekada, iako medicinska dijagnoza ne može otkriti ništa fizički loše, ljudi pate od boli negdje u njihovom tijelu. Kada se ja molim za nekoga tko pati u takvom obliku, drugi čije su duhovne oči otvorene često vide sile tame u nenormalnim životinjskim oblicima kako napuštaju tijelo pacijenta.

U dodatku sila tame koji se nalaze u bolestima i slabostima, drugi nivo Božje moći, koji je svjetlo, može isto tako otjerati sile tame koji se nalaze u domu, tvrtci, ili poslu. Kada osoba koja može prikazati drugi nivo Božje moći posjeti one koji pate od progona kod kuće ili problema na poslu ili u tvrci, kako se tama otjera i svjetlo dođe na ljude, blagoslov ovisno i njihovim djelima pada na njih.

Ustajanje od mrtvih ili završavanje nečijeg života prema volji Boga je rad drugog nivoa Božje moći. Slijedeći primjer pada u tu kategoriju: apostol Pavao je ustao Eutiha (Djela apostolska 20:9-12); Ananijija i Safirina prevara apostola Pavla i njihova daljnja kletva koja je rezultirala u njihovoj smrti (Djela apostolska 5:1-11); i Elišej kako proklinje djecu isto tako rezultira njihovom smrti (2 Kraljevima 2:23-24).

Međutim, postoje fundamentalne razlike između Isusova rada i onog od apostola Pavla i Petra i proroka Elišeja. U konačnici, Bog kao Gospod svih duhova mora dopustiti bilo da netko živi ili ode. Ipak, pošto su Isus i Bog jedno te isto, što je Isus želio je ono što Bog želi. Zato je Isus

"Čak ni ja nisam htio gledati na svoje tijelo
koje je bilo temeljito ispečeno...

Kada sam bio sam,
On je došao do mene,
ispružio Svoju ruku,
i stavio me pored Sebe.

Njegovom ljubavi i posvetom,
ja sam primio novi život,
ima li nešto
što ja mogu učiniti za Gospoda?"

Stariji đakon Eundeuk Kim,
ozdravljen od opeklina trećeg stupnja
od glave do pete

morao vratiti mrtve samo zapovijedajući im Svojom riječi (Po Ivanu 11:43-44), dok su drugi proroci i apostoli morali pitati za Božju volju i Njegovo dopuštenje prije nego su nekoga oživjeli.

Treći nivo moći je prikaz Božje moći sa bijelim ili bezbojnim svjetlom, i prate ga svi tipovi i znakovi djela stvaranja.

Na trećem nivou moći Boga koji je svjetlo, svi tipovi i znakovi kao i rad stvaranja se prikazuju. Ovdje, "znakovi" se donose na liječenje kroz koje slijepi progledaju, nijemi propričaju, i gluhi čuju. Bogalji ustanu i hodaju, skraćene noge se produže, i dječja paraliza ili cerebralna paraliza je potpuno izliječena. Deformirani ili potpuno degenerirani dijelovi tijela od rođenja su potpuno obnovljeni. Slomljene kosti su spojene nazad, kosti koje nedostaju su stvorene, skraćeni jezik naraste, i tetive su ponovo povezane. Nadalje, pošto svjetlo prvog, drugo, i trećeg nivoa Božje moći su prikazane u isto vrijeme pošto je treći nivo potreban, nijedna bolest i slabost nije problem.

Čak i ako je netko spaljen od glave do pete i njegove stanice i mišići su spaljeni, ili čak i ako je njegovo tijelo skuhano sa kipućom vodom, Bog će sve nanovo stvoriti. Kako Bog može stvoriti nešto iz ničega, On može popraviti ne samo ne žive objekte kao što su strojevi, nego i ljudske dijelove tijela također.

U Manmim Centralnoj Crkvi, kroz rubac molitve ili molitva zabilježena na automatsku telefonsku poruku, interni organi koji nisu dobro funkcionirali ili ozbiljno oštećeni su oporavljeni. Kako brutalno oštećena pluća ozdrave, dok bubrezi i jetra koja je trebala presadnju postaje normalna, u trećem nivou Božje moći, rad moći stvaranja je nepotrebno prikazan.

Postoji jedan faktor koji se mora jasno diferencirati. U jednu ruku, ako je funkcija dijela tijela koji je bio slab oporavljen, to je rad prvog nivoa Božje moći. U drugu ruku, ako je funkcija dijela tijela koji više nema šansu za oporavak je oživljen ili nanovo stvore, to je rad trećeg nivoa Božje moći, moći stvaranja.

Četvrti nivo moći je prikaz Božje moći sa zlatnim svjetlom, i to je ostvarenje moći.

Kao što možemo reći prema radu moći koji je Isus prikazao, četvrti nivo moći vlada nad svim stvarima, vlada nad vremenom, i čak naređuje ne živim objektima da slušaju. Po Mateju 21:19 kada je Isus prokleo smokvino drvo, mi pronalazimo da, "Odmah usahnu smokva" Iz Mateja 8:23 je scena u kojoj Isus prekorava vjetar i valove i oni se potpuno smire. Čak i priroda i takvi neživi objekti kao što su vjetar i more postanu poslušni kad im Isus zapovijedi.

Isus je jednom rekao Petru da izađe na duboku vodu, i baci dolje mrežu za ulov, a kada ga je Petar poslušao, on je uhvatio tako velik broj ribe u svoju mrežu da je počela pucati (Po Luki 5:4-6). U drugo vrijeme, Isus je rekao Petru da "idi na more, baci udicu i uzmi prvu ribu, koju uhvatiš! Otvori joj usta i naći ćeš novac. Uzmi ga i podaj im za me i za se!" (Po Mateju 17:24-27).

Kako Bog stvara sve stvari u svemiru prema Svojoj riječi,

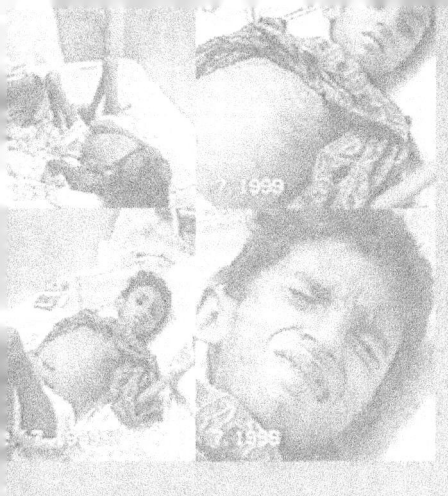

"Tako je bolno...
tako je bolno...
da ne mogu otvoriti svoje oči...
Nitko ne zna kako se osjećam,
ali Gospod je sve znao
i izliječio me."

Cynthia iz Pakistana
izliječena od bailakila i ijeusa

kada je Isus zapovjedio tom svemiru, on Ga je poslušao i postao stvaran. Na isti način, jednom kad posjedujemo pravu vjeru, mi ćemo biti sigurni u tu nadu i biti sigurni u ono što ne vidimo (Poslanica Hebrejima 11:1), i rad moći koja stvara sve stvari iz ničega će se prikazati.

Nadalje, u četvrtom nivou Božje moći, rad se manifestira nadilazi vrijeme i prostor.

Među Isusovom prikazu Božje moći, neki od njih nadilazi prostor i vrijeme. Prema Marku 7:24 postoji srce u kojoj žena moli Isusa da izliječi njenu demonom zaposjednuti kćer. Nakon što je vidio ženinu poniznost i vjeru, Isus joj je rekao, "Zbog te riječi idi; zao duh izašao je iz kćeri tvoje" (s.29). Kada se žena vratila kući, ona je pronašla svoje dijete kako leži u krevetu, a demon je otišao.

Iako Isus nije posjetio svakog bolesnika osobno, kada je On vidio vjeru bolesnih i zapovjedio, liječenje koje nadilazi vrijeme i prostor se dogodilo.

Isusovo hodanje po vodi, koje je rad Njegove moći se samo prikazalo, isto svjedoći činjenici da je sve u svemiru pod Isusovim autoritetom.

Nadalje, Isus je rekao po Ivanu 14:12, "Zaista, zaista, kažem vam: Tko vjeruje u mene, djela, koja ja činim, i on će činiti, i veća će od ovih činiti, jer ja idem k Ocu." Kako nas on uvjerava, pravi veličanstveni rad Božje moći se prikazuje u Manmin Centralnoj Crkvi danas.

Na primjer, dogodila su se razna čuda u kojima se vrijeme mijenja. Kada se ja molim, pljusak staje u tren oka; jako crn oblak se povuče; i čisto nebo je ispunjeno sa oblacima u trenutku. Također je bilo nebrojenih promjera u kojima neživi objekti slušaju moju molitvu. Čak i u slučajevima životno opasnih trovanja ugljikov monoksid, minuta ili dvije nakon moje zapovjedi, osoba koja je bila u nesvijesti je oporavljena i ne pati od bilo kakvih posljedica. Kada sam se ja molio za osobu koja je patila od opeklina trećeg stupnja, "Osjet pečenja, odlazi," osoba više nije osjetila ništa bolno.

U dodatku, rad Božje moći koji nadilazi vrijeme i prostor se događa još jače i nadmoćnije. To je slučaj sa Cynthion, kćeri, svećenika Wilsoan Johna Gila, starijeg pastora Pakistanse Manmin Crkve je posebno značajno. Kada sam se ja molio za Cynthiu na njemu fotografiju u Seulu, Koreji, djevojka od koje su doktori odustali, brzo se oporavila u trenutku u kojem sam se ja molio za nju tisućama kilometara daleko.

U četvrtom nivou moći, moći ozdravljenja bolesti, tjeranja moći tame, prikazivanje znakove i čuda, i zapovijedanje svim stvarima da slušaju - zajednički rad prvog, drugog, trećeg, i četvrti nivo moći - je prikazan.

Najviša moć stvaranja

Biblija bilježi Isusov prikaz moći koja su iznad četvrtog nivoa moći. Taj nivo moći, Najviša moć, pripada Stvoritelju. Ta moć se prikazuje ne na istom nivou na kojem ljudska bića mogu prikazati Njegovu moć. Umjesto toga, to dokazi iz izvornog svjetla koje osvjetljava kada je Bog postojao sam.

Po Ivanu 11, Isus zapovijeda Lazaru, koji je bio mrtav četiri dana i čije je tijelo smrdilo, "Lazare, izađi!" Na Njegovu zapovijed, mrtvi čovjek je izašao, njegove ruke i noge su bile umotane u tkaninu, i krpa oko njegova lica (ss.

43-44).

Nakon što je osoba odbacila svaku vrstu zla, postane posvećena, počne sličiti srcu svojeg Boga Oca, i promjeni se u cijeli duh, on će ući u duhovni svijet. Što više znanja duhovnog svijeta skupi, veći prikaz Božje moći će rasti iznad četvrtog nivoa.

U to vrijeme, on dolazi do nivoa moći, moći koji može prikazati samo Božanstvo, koje je Najveća moć Stvaranja. Kada čovjek potpuno to shvati, kada vrijeme kada Bog stvara sve u svemiru prema Svojoj zapovijedi, on će isto tako prikazati čudesan rad stvaranja.

Na primjer, kada on zapovijedi slijepoj osobi "Otvori svoje oči", oči slijepca će se odmah otvoriti. Kada on zapovijedi nijemoj osobi, "Govori!" nijema osoba će odmah početi pričati. Kada on zapovijedi bogalju, "Ustani," bogalj će se odmah ustati i trčati. Kada on zapovijedi, ožiljci i dijelovi tijela koji su raspadnuti će se obnoviti.

To je ostvareno sa svjetlom i glasom Boga, koji je postojao kao svjetlo i glas još prije početka vremena. Kada neograničena moć stvaranja u svjetlu izlazi iz njegova glasa, svjetlo silazi rad je prikazan. To je put za ljude, koji su došli izvan granice života koju je Bog postavio, i bolesti i slabosti koje se ne mogu izliječiti prvim, drugim, ili trećim nivoom moći, da bi se izliječili.

Primati moć Boga koji je svjetlo

Kako mi možemo sličiti srcu Boga koji je svjetlo, primiti Njegovu moć, i voditi nebrojene ljude na put spasenja?

Prvo, mi ne smijemo samo izbjegavati svaku vrstu zla i ostvariti posvećenost, nego i ostvariti dobro srca i žudjeti za najviše dobro.

Ako nisi pokazao znakove loših osjećaja ili nelagode protiv osobe koja je tvoj život učinila jako teškim ili ti naštetila, može li se reći da si ti ostvario dobro srca? Ne, to nije slučaj. Čak i ako nema titraja srca ili osjećaja nelagode i ti čekaš i trpiš, u vidu Boga to je tek prvi korak dobrote.

Na većim nivoima dobrote, pričati ćeš i ponašati se na načine da ćeš pokretati ljude koji čine njegov život teškim i štete mu. Na najvišem dobru sa kojim je Bog zadovoljan, moraš biti u mogućnosti dati svoj život za dobro svog neprijatelja.

Isus je mogao oprostiti ljudima koji su Ga razapinjali i za te ljude rado dao Svoj život jer je On posjedovao najviše dobro. I Mojsije i apostol Pavao su bili voljni dati svoje živote za te ljude koji su ih pokušali ubiti.

Kada se Bog spremao uništiti ljude Izraela, koji su mu se protivili slaveći idole, prigovarali, i držali inat protiv Njega čak i kad su vidjeli velike znakove i čuda, kako je Mojsije odgovorio? On je iskreno molio Boga: "Ipak mu sada oprosti grijeh njegov. Ako nećeš, onda me radije izbriši iz knjige, koju vodiš." (Izlazak 32:32) apostol Pavao je učinio istu stvar. Kako je on svjedočio u poslanici Rimljanima 9:3, "Jer bih želio da ja sam budem odvučen od Krista za braću svoju, što su mi rod po tijelu," Pavao je ostvario najviše dobro i prema tome veliki rad Božje moći ga je uvijek pratio.

Slijedeće, mi moramo ostvariti duhovnu ljubav.

Ljubav je jako popustila danas. Iako mnogi ljudi govore jedni drugima, "Volim te," sa prolaskom vremena, mi vidimo da je mnogima ta "ljubav" tjelesna ljubav koja se mijenja. Ljubav Boga je duhovna ljubav koja raste dan za danom, kao što je opisano u 1. poslanici Korinčanima 13.

Prvo, Ljubav je strpljiva i ljubav je ljubazna. Nije zavidna Naš Gospod nam je oprostio sve grijehe i mane, i otvorio put spasenja tako da strpljivo čeka čak i one kojima se ne može oprostiti. Ipak, čak i ako ispovijedamo našu ljubav za Gospoda, mi smo brzi otkriti grijehe i mane naše braće i sestara? Jesmo li brzi suditi i osuđivati druge kada nešto ili netko nije nama po volji? Jesmo li biti ljubomorni na nekoga čiji život ide dobro ili se osjećali razočarano?

Slijedeće, ljubav "ne ponosi se, ne nadima se." (s.5) Čak i ako se čini da veličamo gospoda izvana, ako imamo srce koje čega da ga drugi prepoznaju, izlažemo se, i zanemarujemo ili učimo druge zbog naše pozicije ili autoriteta, bilo bi to hvaljenje i biti ponosit.

Nadalje, ljubav "Ne čini što ne valja, ne traži svoje, ne razdražuje se, ne misli o zlu" (s.5). Naše loše ponašanje prema Bogu i ljudima, naše prevrtljivo srce i um se može lako promijeniti, naš trud da budemo veći čak i na štetu drugima, naši lako stvoreni loši osjećaji, naša sklonost misliti negativno i zlo o drugima, i slično, se ne smatra ljubav.

U dodatku, ljubav "Ne raduje se nepravdi, a raduje se istini" (s.6). Ako imamo ljubav, mi uvijek moramo hodati i radovati se u istini. Kao što nam 3. Ivanova poslanica 1:4 govori, "Nemam veće radosti od ove, da čujem, moja djeca u istini da hode" istina mora biti izvor našeg veselja i sreće.

Zadnje, ljubav "Sve pokriva, sve vjeruje, svemu se nada, sve trpi" (s.7). Oni koji stvarno vole Boga saznaju volju Boga, i prema tome vjeruju svim stvarima. Kako ljudi gledaju unaprijed i iskreno vjeruju u povratak našeg Gospoda, uskrsnuće vjernika, nebeske nagrade, i slično, oni se nadaju za stvari iznad, trpe sve poteškoće, i pokušavaju ostvariti Njegovu volju.

Da bi pokazali dokaze Njegove ljubavi za one koji slušaju istinu kao što su dobrota, ljubav i druge zapisane u Bibliji, Bog koji je svjetlo daje im Svoju moć kao dar. On je također revan sresti i odgovoriti sve one koji žele hodati u svjetlu.

Prema tome, otkrivanjem sebe i cijepanjem svog srca, neka otkriješ svoju želju primanja Božjeg blagoslova i odgovora postavši lađa pred Njim i iskusivši moć Boga, u ime našeg Gospoda Isusa Krista ja se molim!

Poruka 6
Oči slijepaca će se otvoriti

Po Ivanu 9:32-33

Otkako je svijeta
nije se čulo
da je tko otvorio oči
rođenom slijepcu.
Kad on ne bi bio od Boga
ne bi mogao ništa činiti

U Djelima apostolskim 2:22 Isusov učenik Petar, nakon što je primio Duh Sveti, govori Židovima citirajući riječi proroka Joela. "Ljudi Izraelci, poslušajte riječi ove: Isus Nazarećanin bio je od Boga među vama potvrđen silama, i čudesima, i znacima, koje učini Bog preko njega među vama, kao što i sami znate." Isusove velike manifestacije snage, znakovi i čuda su bili dokazi koji svjedoče da je Isus kojeg su Židovi razapeli zaista bio Mesija čiji je dolazak bio prorečen u Starom Zavjetu

Nadalje, sam Petar manifestira Božju snagu nakon što je primio i bio ojačan preko Svetog Duha. Izliječio je prosjaka invalida (Djela apostolska 3:8) i ljudi su čak dovodili bolesna na ulicu i položili ih na krevete i madrace kako bi barem Petrova sjena pala na neke kad je prolazio (Djela apostolska 5:15).

Budući da je snaga jamac koji svjedoči o Božjoj prisutnosti preko onoga koji manifestira snagu i to je najsigurniji način za posaditi sjeme vjere u srca nevjernika

Bog daje snagu onima koje On smatra podobnima.

Isus liječi čovjeka koji je rođen slijep

Priča po Ivanu 9 počinje kada je Isus susreo čovjeka koji je rođen slijep. Isusovi učenici su htjeli znati zašto slijepac nije mogao vidjeti od rođenja. "Učitelju, tko sagriješi, ovaj ili roditelji njegovi, te se rodio slijep?" (s.2) Kao odgovor, Isus im je objasnio da je čovjek rođen slijep kako bi se djelo Boga moglo pokazati u njegovom životu (s.3) Tada je pljunuo na zemlju, napravio blato od sline, stavio ga na čovjekove oči i zapovijedio čovjeku "Idi, operi se u kupelji Siloamu" (s. 6-7). Kada je čovjek odmah poslušao i oprao se u kupelji Siloamu njegove su se oči otvorile.

Iako je Isus ozdravio mnoge ljude u Bibliji jedna razlika razdvaja ovog čovjeka koji se rodio slijep od svih ostalih. Čovjek nije molio Isusa da ga izliječi; umjesto toga, Isus je došao do čovjeka i potpuno ga izliječio.

Zašto je tada ovaj čovjek rođen slijep primio takvu obilnu milost?

Prvo, čovjek je bio poslušan.

Običnoj osobi, sve što je Isus napravio - Pljunuo na zemlju, napravio blato, stavio blato slijepom čovjeku na oči i zatim mu rekao da se ode oprati u kupelji Siloamu - nema smisla. Zdrav razum ne dopušta takvom pojedincu vjerovanje da će se oči osobe koja je rođena slijepa otvoriti nakon stavljanja blata na oči i pranja vodom. Nadalje, da je ta osoba dobila naredbu bez poznavanja Isusa, ona i mnogi drugi ljudi bi se ne samo suprotstavile neko i vidno naljutile. Ipak to se nije dogodilo u slučaju ovog čovjeka. Kako je Isus naredio.čovjek je poslušao i oprao svoje oči u kupelji Siloam. Konačno i nevjerojatno, njegove oči koje su bile zatvorene od trenutka rođenja su se sada otvorile prvi put i čovjek je mogao vidjeti.

Ako misliš da se riječ Boga suprotstavlja čovjekovim zdravim razumom ili iskustvom pokušaj ju slijediti s poniznim srcem poput srca čovjeka koji je rođen slijep. Tada će ti doći milost Boga i kao što su se slijepom čovjeku otvorile oči, i tebi će se dogoditi nevjerojatno iskustvo.

Drugo, duhovne oči čovjeka koji je rođen slijep koje mogu razlikovati istinu od neistine su bile otvorene.

Iz njegovog razgovora sa Židovima nakon što je bio izliječen, možemo vidjeti da iako su mu oči bile fizički zatvorene, u dobroti svog srca mogao je razlikovati ispravno od neispravnog. Nasuprot tome, Židovi su bili duhovno slijepi, zarobljeni u krutim granicama zakona. Kada su Židovi upitali za detalje izlječenja, čovjek koji je bio slijep hrabro je proglasio,"Onaj čovjek, koji se zove Isus, načini blato i pomaza oči moje i reče mi: 'Idi u kupelj Siloam i operi se', Otidoh, oprah se, i vidim" (s. 11).

U nevjerici, Židovi su unakrsno ispitivali čovjeka koji je bio slijep, "Što veliš ti za njega, koji ti otvori oči" čovjek im odgovori:, "Prorok je." (s.17). Čovjek je mislio da ako je Isus bio dovoljno moćan da izliječi sljepoću, sigurno je bio čovjek Boga. Židovi su onda ironično ukorili čovjeka: "Podaj Bogu slavu! Mi znamo, da je ovaj čovjek grješnik" (v.24).

Koliko je nelogična njihova tvrdnja? Bog ne odgovara na

molitve grešnika. Niti daje Svoju moć grešniku kako bi otvarao oči slijepcima i primio slavu. Iako Židovi nisu mogli ni vjerovati u to niti shvatiti, čovjek koji je bio slijep je nastavio s hrabrom i istinitom ispovjedi: "A znamo, da Bog ne sluša grješnika, nego ako tko poštuje Boga i čini volju njegovu, onoga usliši. Otkako je svijeta, nije se čulo, da je tko otvorio oči rođenom slijepcu. Kad on ne bi bio od Boga, ne bi mogao ništa činiti." (s. 31-33).

Kako se ni jedno slijepo oko nikad nije otvorilo od vremena stvorenja, tko god je čuo vijesti o ovom čovjeku se trebao radovati i slaviti s njim. Umjesto toga, među Židovima se razvijalo ozračje suđenja, osude i neprijateljstva. Budući da su Židovi bili previše duhovno neuku oni su mislili da je djelo Boga zapravo djelo koje Mu se suprotstavlja. Međutim, Biblija nam govori da samo Bog može otvoriti oči slijepcima.

Psalam 146:8 nas podsjeća da "Gospod otvara oči slijepcima, Gospod uspravlja pognute, Gospod ljubi pravednike," dok nam Izaija 29:18 govori, "U onaj će dan gluhi čuti riječi pismene, oči slijepih vidjet će iz tame i mraka." Izaija 35:5 također govori, "Tada će se otvoriti oči slijepima, i uši gluhima otvorit će se." Ovdje se "U onaj dan" i "Tada" odnosi na vrijeme kada isus dođe i otvori oči slijepcima.

Usprkos ovim pasusima i podsjetnicima, u svojoj rigidnosti i zloći Židovi nisu mogli vjerovati u djela Boga koja su se manifestirala kroz Isusa, umjesto toga su osudili Isusa kao grešnika koji se suprotstavljao riječi Boga. Iako čovjek koji je bio slijep nije posjedovao veliko znanje zakona, u svojoj dobroj savjesti je znao istinu: Bog ne sluša grešnike. Čovjek je također znao da jedino Bog može izliječiti slijepca

Treće, nakon što je primio Božju milost, čovjek koji je bio slijep došao je pred Gospoda odlučan da će voditi potpuno novi život.

Do današnjeg dana, svjedočio sam nebrojenim slučajevima u kojima ljudi na pragu smrti prime snagu i odgovore na svakakve probleme u životu u Manmin centralnog crkvi. Međutim, plačem za ljude čija se srca

"Mama
tako je zaslijepljujuće...
prvi puta,
ja vidim svjetlo...
nikad nisam mislio
da će se to dogoditi meni..."

Jennifer Rodriguez sa Filipina,
koja je bila slijepa od rođenja
progledala je prvi puta u osam godina

mijenjaju čak i nakon što su primili Božju milost i druge koji se odreknu svoje vjere i vrate na put svijeta. Kada žive u bolu i patnji, takvi ljudi dolaze moliti u suzama, "Živjet ću samo za Gospoda kada se izliječim." Kada prime izlječenje i blagoslove, u težnji za svojom vlastitom koristi ti ljudi napuštaju milosti i odlaze od istine. Čak iako su njihovi fizički problemi riješeni to je beskorisno jer su njihovi duhovi skrenuli s puta spasenja i oni su na svom putu do pakla

Ovaj čovjek koji je rođen slijep imao je dobro srce koje se neće odreći milosti. Zbog toga je kada je sreo Isusa ne samo bio izliječen od sljepoće nego i osiguran mu je blagoslov spasenja. Kada ga je Isus pitao "Vjeruješ li ti u Sina čovječjega?" On odgovori: "Tko je, Gospodine, da vjerujem u njega!" (s. 35-36). Isus mu reče: "I vidio si ga, i koji govori s tobom, on je taj." A on reče: "Vjerujem, Gospodine" (s. 37-38). Čovjek nije jednostavno "vjerovao"; on je primio Isusa kao Krista. To je bila čovjekova čvrsta ispovijed u kojoj je odlučio da će slijediti samo Gospoda i živjeti samo za Gospoda.

Bog želi da svi mi dođemo pred Njega sa ovakvim srcem.

"Moje me srce dovelo do ovog mjesta...

Žudio sam za milosti...

Bog mi je dao veliki dar.
Što me čini sretnijom
od gledanja
je činjenica
da sam srela živog Boga!"

Maria iz Hondurasa,
koja je izgubila vid u desnom oku
kada je imala dvije godine
progledala je nakon primanja molitve
dr. Jaerock Leea

Bog želi da Ga tražimo ne samo zato što On liječi naše bolesti i blagoslivlja nas. On žudi da shvatimo Njegovu pravu ljubav koji je nepoštedno dao Svog jednog i jedinog Sina za nas i primio Isusa kao našeg Spasitelja. Štoviše, mi Ga trebamo voljeti ne samo usnama nego i djelima riječi Boga. On nam govori u 1 Ivanovoj poslanici 5:3 "Jer je ovo ljubav Božja, da zapovijedi njegove držimo, i zapovijedi njegove nijesu teške." Ako uistinu volimo Boga moramo odbaciti sve što je zlo unutar nas i hodati u svjetlu svaki dan.

Kada pitamo Boga za nešto s ovakvom vjerom i ljubavlju kako bi nam mogao ne odgovoriti? Po Mateju 7:11 kako nam Isus obećava, "Kad dakle vi, koji ste zli, znate dobre dare davati djeci svojoj, koliko će više Otac vaš nebeski dati dobra onima, koji ga za to mole!" vjerujte da će naš Bog Otac uvijek odgovarati na molitve Svoje voljene djece.

Stoga, nije bitno s kakvom si bolešću ili problemom došao pred Boga. Sa ispovijedi "Gospode, ja vjerujem!" koja dolazi iz sredine tvoga srca, kada prikažeš djela svoje vjere, Gospod koji je izliječio čovjeka koji je rođen slijep će izliječiti svakakve bolesti, pretvoriti nemoguće u moguće i riješiti sve probleme u životu.

*"Doktori su mi rekli
da ću uskoro oslijepiti...
stvari su počele blijediti...*

*Hvala ti, Gospode,
što si mi dao svjetlo...*

Čekao sam Tebe..."

Svećenik Ricardo Morales iz Hondurasa
koji je skoro oslijepio
nakon nesreće
ali je progledao

Djela otvaranja očiju slijepima u Manmin Centralnoj Crkvi

Od osnivanja 1982. godine Manmin je uvelike slavila Boga kroz djela otvaranja očiju nebrojenih pojedinaca koji su bili slijepi. Mnogi ljudi koji su bili slijepi od rođenja dobili su vid nakon molitve. Vraćen je mnogim drugim čiji je vid oslabio i uzdali su se u naočale ili kontaktne leće. Među mnogim, mnogim nevjerojatnim svjedočanstvima, slijedi nekoliko primjera.

Kada sam vodio Velike Ujedinjene Pohode u Honduras u Srpnju 2002. tamo je bila dvanaestogodišnja djevojčica Maria koja je izgubila vid svog desnog oka nakon vrućice kada je imala dvije godine. Njeni roditelji su na razne načine uzalud pokušavali vratiti joj vid. Čak nije uspjelo ni presađivanje rožnice. Tijekom sljedećeg desetljeća nakon neuspjele transplantacije Maria nije mogla vidjeti ni svjetlo kroz svoje desno oko.

Tada je 2002. godine u iskrenoj želi za milošću Marija je došla na pohode gdje je primila moju molitvu, počela vidjeti svjetlo i uskoro joj se vratio vid. Živci u desnom oku koji su propali i umrli obnovljeni su snagom Boga. Koliko je ovo nevjerojatno? Neprebrojiv broj ljudi u Hondurasu je slavilo i klicalo, "Bog je uistinu živi djeluje čak i danas!"

Pastor Ricardo Morales je skoro postao slijep ali je potpunom ozdravljen slatkom vodom Muana. Sedam godina prije pohoda u Honduras, Pastor Ricardo je bio u prometnoj nesreći u kojem mu je rožnica bila kritično oštećenja i patio je od teškog krvarenja. Doktori su rekli pastoru Ricardu da će postepeno gubiti vid i na kraju postati slijep. Ipak on je izliječen na prvi dan konferencije za crkvene vođe 2002. godine u Hondurasu. Nakon što je čuo riječ Boga, pastor Ricardo je u vjeri stavio Mauan slatku vodu na svoje oči i na svoje zaprepaštenje objekti su postali jasniji za manje od minute. U početku, budući da nije mogao predvidjeti nešto tako, pastor Ricardo nije mogao vjerovati. To večer pastor Ricardo je došao na prvu sjednicu pohoda. Tada su iznenada leće njegovih naočala ispale sa glave i on je čuo glas Duha Svetoga: "Ako ne skineš naočale oslijepit ćeš." Pastor Ricardo je tada skinuo naočale i shvatio da može jasno vidjeti sve. Njegov vid je vraćen i pastor Ricardo je uvelike slavio Boga.

U Nairobi Manmin crkvi u Keniji, mladi čovjek pod imenom Kombo je jednom posjetio svoj rodni grad koji je oko 400 kilometara (oko 250 milja) udaljen od crkve. Tijekom posjete širio je evanđelje obitelji i rekao im o čudesima i djelima Božje snage koja se odvijaju u Manmin centralnog crkvi u Seulu. Molio se za njih sa rupčićem nad kojem sam se ja molio. Kombo je također predstavio obitelji kalendar koji je printan u crkvi.

Nakon što je čula svog unuka kako propovijeda evanđelje, Kombova baka, koja je bila slijepa, pomislila je u iskrenoj želji "I ja bih htjela vidjeti fotografiju Dr. Jaerock Lee-a" dok je u obje ruke držala kalendar. Što je uslijedilo je stvarno bilo čudo. Kada je Kombova baka odmotala kalendar njene oči su se otvorile i ona je mogla vidjeti fotografiju. Aleluja! Kombova obitelj je iz prve ruke iskusila djelo snage koja je otvorila oči slijepima i povjerovali u živog Boga. Nadalje, kada se vijest o ovom incidentu proširila selom ljudi su tražili da se ogranak crkve osnuje i u njihovom selu.

Nebrojenim djelima moći diljem svijeta, sada postoje

tisuće ogranaka Manmim crkve na svijetu i evanđelje svetosti se propovijeda na svim krajevima zemlje. Kada priznaš i vjeruješ u djela Božje snage, i ti možeš postati nasljednik Njegovih blagoslova.

Kao i u Isusovo vrijeme, umjesto da se vesele i slave Boga zajedno, mnogi ljudi sude, osuđuju i pričaju protiv djela Duha Svetoga. Moramo shvatiti da je to strašan grijeh, kako nam je Isus specifično rekao po Mateju 12:31-32: "Zato vam kažem, Svaki grijeh i psovka oprostit će se ljudima. Ali psovka na Duha neće se oprostiti. Tko rekne riječ na Sina čovječjega, oprostit će mu se. A tko rekne riječ na Duha Svetoga, neće mu se oprostiti ni na ovom ni na onom svijetu."

Kako se ne bismo suprotstavljali Duhu Svetom nego umjesto toga doživjeli nevjerojatna djela Božje snage moramo priznati i žudjeti za Njegovim djelima, poput čovjeka koji je bio slijep po Ivanu 9. U skladu s time koliko su se ljudi pripremili kao lađe za primanje odgovora po vjeri, neki će iskusiti djela Božje moći a neki neće.

Kako nam Psalam 18:25-26 govori, "Dobar si dobrome, vjeran si vjernome. S čistim postupaš čisto, samo se zločestom protiviš," neka svatko od vas, vjerovanjem u Boga koji nas nagrađuje u skladu s onim što smo učinili i pokazali djela vjere, postane nasljednik Njegovih blagoslova, u ime našeg Gospoda Isusa Krista ja se molim!

Poruka 7
Ljudi će ustati, skakati i hodati

Po Marku 2:3-12

Donesoše mu uzetoga,
kojega su nosila četvorica.
Ali zbog mnoštva naroda nijesu ga mogli donijeti k njemu,
Zato otkriše krov nad mjestom, gdje je bio Isus;
načiniše otvor
i spustiše postelju s uzetom. Kad vidje Isus vjeru njihovu, reče uzetomu:
"Sinko, oprošteni su ti grijehi tvoji."
A ondje su sjedili neki književnici.
Oni pomisliše u sebi:
"Kako može ovaj tako govoriti?
Huli na Boga. Tko može opraštati grijehe osim jedinoga Boga?" Isus prozre odmah u svojemu duhu
pomisli njihove
reče im: "Što mislite to u
srcima svojim? Što je lakše, reći uzetomu:
'Oprošteni su ti grijehi tvoji?' ili reći: 'Ustani, uzmi postelju svoju i hodi?'
Ali znajte, da Sin čovječji
ima vlast na zemlji opraštati grijehe!"
I tada reče uzetomu:
"Zapovijedam ti,
ustani, uzmi postelju svoju i idi kući!"
On ustade odmah, uze postelju svoju
i izađe van pred očima sviju.
Svi su bili izvan sebe od čuđenja, slavili su Boga i govorili:
"Tako što ne vidjesmo još nikada."

Biblija nam govori da su u vrijeme Isusa mnogi koji su bili paralizirani ili obogaljeni primili potpuno ozdravljenje i uvelike slavili Boga. Kako je Bog obećao po Izaiji 35:6, "Kao jelen skakat će tada hrom čovjek, jezik će nijemoga klicat" i ponovno po Izaiji 49:8, "U Vrijeme milosti uslišio sam te, pomogao sam ti u dan spasenja. Čuvao sam te, učinio sam te posrednikom zavjeta za narod, da podigneš zemlju, da razdijeliš opustjelu baštinsku zemlju" Bog će ne samo odgovoriti nego nas i povesti do spasenja.

Ovo se bez prestanka svjedoči danas u Manmin centralnoj Crkvi, gdje su preko čudesnih djela Božje moći nebrojeni pacijenti počeli hodati, ustali se iz kolica i odbacili svoje štake.

S kakvom je vjerom paralizirani prikazan po Marku 2 došao pred Isusa i primio spasenje i Blagoslove odgovora? Molim za one od vas koji trenutno ne mogu hodati zbog neke bolesti, da možete ponovno ustati, hodati i trčati.

Paralizirani čuje vijest o Isusu

Po Marku 2 je prikazan detaljan izvještaj o paraliziranom koji je primio izlječenje kada je On posjetio Capenaum. U tom je gradu živio vrlo siromašan paralizirani čovjek koji nije mogao uspravno sjediti bez pomoći drugih i bio živ samo zato što nije mogao umrijeti. Ipak, čuo je vijest o Isusu koji je otvorio oči slijepima, koji je uspravio invalide, izgnao zle duhove i izliječio ljude od raznih bolesti. Budući da je čovjek imao dobro srce, kada je čuo vijest o Isusu, on se sjetio njih i iskreno poželio sresti Isusa.

Jednog dana, paralizirani čovjek je čuo da je Isus došao u Capernaum. Koliko je sigurno bio uzbuđen i radostan u očekivanju sretanja Isusa? Međutim, paralizirani čovjek se nije mogao samostalno kretati pa je tražio prijatelje koji bi ga mogli dovesti do Isusa. Srećom, jer su njegovi prijatelji bili svjesni Isusa pristali su mu pomoći.

Paralizirani čovjek i njegovi prijatelji dolaze pred Isusa

Paralizirani čovjek i njegovi prijatelji dolaze u kuću u kojoj je Isus propovijedao, ali budući da je tamo bila velika gužva oni nisu mogli pronaći prostora blizu vrata, a kamo li ući u kuću. Okolnosti nisu dozvoljavale paraliziranom čovjeku i njegovim prijateljima doći pred Isusa. Sigurno su molili gomilu, "Molimo vas pomaknite se! Mi imamo kritično bolesnog pacijenta!" Usprkos tome, kuća i blizina je bila popunjena ljudima. Da je paraliziranom čovjeku i njegovim prijateljima nedostajalo vjere oni bi se vratili kući bez sretanja Isusa.

Međutim, oni nisu odustali nego umjesto toga pokazali svoju vjeru. Nakon razmišljanja kako bi mogli sresti Isusa, kao posljednji pokušaj prijatelji paraliziranog čovjeka su iskopali rupu u krovu iznad Isusa i prošli kroz nju. Čak iako su se trebali kasnije ispričati vlasniku i platiti za štetu, paralizirani čovjek i njegovi prijatelji su bili toliko očajni da sretnu Isusa i prime izlječenje.

Vjera dolazi u pratnji sa djelom i djela vjere se mogu prikazati tek kada se spustimo poniznim srcem. Jesi li ikada pomislio i rekao sebi, "Iako želim, moje fizičko stanje mi ne dozvoljava da odem u crkvu"? Da se paralizirani čovjek ispovjedio sto puta, "Gospoda, ja vjerujem da znaš da ne mogu doći i sresti se s tobom jer sam paraliziran. Ja također vjerujem da ćeš me izliječiti čak i ako ležim u krevetu," ne bi se moglo reći da je prikazivao svoju vjeru.

Bez obzira na cijenu, paraliziran čovjek je došao pred Isusa kako bi primio izlječenje. Praralizirani čovjek je vjerovao i bio uvjeren da će biti izliječen kada bi sreo Isusa pa je pitao svoje prijatelje da ga odnesu pred Isusa. Nadalje, budući da su njegovi prijatelji također imali vjeru oni su mogli služiti svog paraliziranog prijatelja činjenjem rupe u krovu stranca.

Ako stvarno vjeruješ da ćeš biti ozdravljen pred Bogom dolazak pred Njega je dokaz tvoje vjere. Zbog toga su prokopali kroz krov, prijatelji paraliziranog čovjeka su ga spustili pred Isusa i prikazali mu ga. U to vrijeme su krovovi u Izraelu bili ravni i postojale su stepenice uz svaku kuću što je dalo ljudima jednostavan prilaz krovu. Štoviše, krovne pločice su se mogle jednostavno otkloniti. Takve su okolnosti dopustile paraliziranom čovjeku dolazak pred Isusa bliže od bilo koga drugoga.

Možemo dobiti odgovore nakon što riješimo problem grijeha

Po Marku 2:5 možemo vidjeti da je Isus očito oduševljen djelima vjere paraliziranog čovjeka. Zašto mu je Isus prije nego ga je izliječio rekao, "Sine, grijesi su ti oprošteni"? To je zato što oprost grijeha mora doći prije oporavka. U knjizi Izlaska 15:26 Bog nam govori, "Ako doista budeš rado slušao glas Gospoda, Boga svojega, i ako budeš činio, što je pravo u očima njegovim, i ako se pokoriš zapovijedima njegovim i ispuniš sve uredbe njegove, onda nijedne od onih bolesti, što sam ih stavio na Egipat, neću pustiti na tebe. Dapače ja, Gospod, bit ću spasitelj tvoj." Ovdje se "bolesti što sam ih stavio na Egipat" odnosi na sve bolesti poznate čovjeku. Stoga, kada slušamo Njegove zapovijedi i živimo po Njegovoj riječi Bog će nas zaštititi tako da nas ni jedna bolest ne može dostići. Štoviše, u Ponovljenom zakonu 28 Bog nam obećava da sve dok slušamo i živimo po Njegovoj riječi, ni jedna bolest neće zaraziti naša tijela. Po Ivanu 5, nakon što je ozdravio čovjeka koji je bio bolestan trideset osam godina, Isus mu je rekao "Ne griješi više, da ti se ne dogodi što gore!" (s.14).

Budući da sve bolesti dolaze iz grijeha Isusa je paraliziranom čovjeku prvo dao oprost a tek onda ga izliječio. Međutim, dolazak pred Isusa ne rezultira uvijek u oprostu. Kako bismo primili ozdravljenje prvo se moramo pokajati za svoje grijehe i okrenuti se od njih. Ako si bio grešnik, moraš postati osoba koja više ne griješi; ako si bio lažljivac, moraš postati osoba koja više ne laže; ako si mrzio druge, moraš postati osoba koja više ne mrzi. Samo onima koji slušaju riječ Bog daje oprost. Štoviše, priznanje "ja vjerujem" ne daje oprost, kada dođemo na svjetlost, krv našeg Gospoda će nas prirodno očistiti od naših grijeha (1 Ivanova poslanice 1:7).

Paralizirani čovjek hoda snagom Boga

Po Marku 2 možemo vidjeti da nakon primanja oprosta, čovjek koji je bio paraliziran ustao je, uzeo svoju postelju i otišao hodajući i jasno su ga mogli vidjeti ljudi tamo. Kada je došao pred Isusa, ležao je na postelji. Međutim, čovjek je ozdravio u trenutku kada mu je Isus rekao, "Sinko, oprošteni su ti grijehi tvoji" (s.5). Umjesto da se raduju zbog izlječenja, učitelji zakona su bili zauzeti svađanjem. Kada je Isus rekao čovjeku "Sinko, oprošteni su ti grijesi" oni su pomislili, "Kako može ovaj tako govoriti? Huli na Boga. Tko može opraštati grijehe osim jedinoga Boga?" (s.7). Tada im Isus kaže, "Što mislite to u srcima svojim? Što je lakše, reći uzetomu: 'Oprošteni su ti grijehi tvoji?' ili reći: 'Ustani, uzmi postelju svoju i hodi?' Ali znajte, da Sin čovječji ima vlast na zemlji opraštati grijehe!" (s. 8-10). Nakon što ih je prosvijetlio Božjom providnošću, kada je Isus rekao paraliziranom čovjeku "Zapovijedam ti, ustani, uzmi postelju svoju i idi kući!" (s.11) čovjek je odmah ustao i hodao. Drugim riječima, to što je paralizirani čovjek primio ozdravljenje indicira da je primio oprost i da Bog garantira svaku riječ koju je Isus govorio. To je također dokaz da svemogući Bog garantira da je Isus spasitelj čovječanstva.

Primjeri ustajanja, skakanja i hodanja

Po Ivanu 14:11, Isus nam govori, "Vjerujte mi, da sam ja u Ocu, i da je Otac u meni. Ako li ne, vjerujte mi zbog samih djela". Stoga, trebamo vjerovati da su Bog Otac i Isus isto svjedočenjem paraliziranog čovjeka koji je došao pred Isusa u vjeri i bilo mu je oprošteno, ustao je, skočio i hodao na Isusovu zapovijed.

U sljedećem po Ivanu 14:12 Isus nam također govori, "Zaista, zaista, kažem vam: Tko vjeruje u mene, djela, koja ja činim, i on će činiti, i veća će od ovih činiti, jer ja idem k Ocu." Budući da vjerujem u riječ Boga sto posto, nakon što sam nazvan slugom Boga postio sam mnoge, mnoge dane kako bih primio Njegovu moć. Kao posljedica toga, svjedočanstva liječenja bolesti koje moderne medicina nije mogla su preplavila Manmin od osnivanja.

Svaki put kada je crkva kao cjelina prošla iskušenje blagoslova, brzina kojom su pacijenti ozdravljivali se povećala i sve kritičnije bolesti su liječene. Kroz godišnji dvotjedni specijalni susret oživljavanja održavam od 1993. do 2004. i svjetske Velike ujedinjene pohode, veliki broj ljudi diljem svijeta su doživjeli nevjerojatnu snagu Boga.

Među nebrojenim iskustvima u kojima su ljudi ustali, skakali i hodali, ovdje su nekoliko primjera.

Ustajanje nakon devet godina u kolicima

Prvo svjedočanstvo je Deacon Younsup Kim-a. U svibnju 1990. godina pao je s visine od oko visine peterokatnice kada je radio kao električar za Taedok Science Town u Južnoj Koreji. Ovo se dogodilo prije nego Kim počeo vjerovati u Boga.

Odmah nakon pada prevezen je u Sun bolnicu u Yoosungu, Choongnam provincija gdje je bio u komi šest mjeseci. Međutim, kada se probudio iz kome, bol pritiska i puknuća u devetom i dvanaestom torokalnom kralješki i bruh u četvrtom i petom lumbarnom kralješku je bila nepodnošljivo bolna. Doktori u bolnici su rekli Kimu da je njegovo stanje kritično. Primljen je u druge bolnice nekoliko puta. Međutim, kako nije bilo promjene ni napretka u njegovom stanju, Kim je proglašen invalidom prvog stupnja. Oko svog struka Kim je cijelo vrijeme nosio protezu za svoju kralješnicu. Štoviše, budući da nije mogao ležati morao je spavati dok je sjedio.

Tijekom ovog teškog razdoblja, Kim je bio evangeliziran i došao do Manmin crkve gdje je započeo život u Kristu. Kada je došao na specijalni susret na Božansko liječenje u

"Moje ukočene noge i pojas...
moje ukočeno srce...

ne mogu leći,
ne mogu hodati...
na koga se mogu osloniti?

Tko će me prihvatiti?
Kako ja mogu živjeti?"

Đakon Yoonsup Kim
sa svojom protezom za leđa i kolicima

Đakon Kim se raduje sa drugim Manmin članovima nakon što je primio izlječenje kroz molitvu dr. Jaerock Leea

studenom 1998. godine Kim je doživio nevjerojatno iskustvo. Prije susreta nije mogao leći na leđa ni samostalno koristiti zahod. Nakon molitve mogao se ustati iz kolica i hodati na štakama.

Kako bi primio potpuno izlječenje, Deacon Kim je vjerno išao na sva misna slavlja i susrete te se nikad nije prestao moliti. Uz to, u iskrenoj želji i pripremajući se za sedmi dvotjedni specijalni susret oživljavanja u svibnju 1999. godine postio je dvadeset i jedan dan. Kada sam se molio za bolesne sa propovjednice tijekom prve sjednice susreta, Deacon Kim je osjetio snažnu zraku svjetla na sebi i vidio je viziju u kojoj je trčao. U drugom tjednu susreta kada sam postavio ruke na njega i molio se, mogao je osjetiti kako mu je tijelo lakše. Kada se vatra Svetog Duga spustila na njegove noge dobio je snagu koje mu je bila nepoznata. Mogao je odbaciti protezu za podršku kralješnice i štake, hodati bez poteškoće i slobodno micati strukom.

Snagom Boga Deacon Kim je mogao hodati kao normalna osoba. Čak i vozi bicikl i marljivo služi u crkvi. Štoviše, prije ne dugo vremena Deacon Kim se vjenčao i sada vodi istinski sretan život.

Ustajanje iz kolica nakon primanja molitve sa rupčićem

U Manminu se događaju spektakularni događaji zapisani u Bibliji i nevjerojatna čuda; kroz njih dalje slavimo Boga. Među takvim događajima i čudima je menifestacija Božje moći kroz rupčić.

U Djelima Apostolskim 19:11-12 možemo pronaći, "I Bog je činio ne mala čudesa po rukama Pavlovim, tako da bi i rupce za znoj i pojase od tijela njegova nosili na bolesnike, i ostavljale su ih bolesti, i zli su dusi izlazili iz njih." Slično tako, kada ljudi uzmu rupčić nad kojim sam se molio ili bilo koji objekt na mojem tijelu bolesniku, manifestiraju se nevjerojatna djela liječenja. Kao posljedica toga, mnoge su nas države i ljudi diljem svijeta pitali da dođemo u pohode rupčićima u njihove regije. Nadalje, nebrojeni ljudi u zemljama u Africi, Pakistanu, Indoneziji, Filipinima, Hondurasu, Japanu, Kini, Rusiji i mnogi drugi su također očekivali "nevjerojatna čuda".

U travnju 2001. godine jedan od Manmin pastora pokrenuo je pohode rupčićima u Indoneziji na kojem su nebrojeni ljudi primili izlječenje i slavili živog Boga. Među njima je bivši državni guverner koji se uzdao u kolica. Kada je bio ozdravljen preko molitve rupčićem to je uskoro postala velika vijest.

U svibnju 2003. drugi pastor Manmin crkve je pokrenio pohode rupčićem u Kini na kojem je među mnogim liječenjima bio i čovjek koji je bio na štakama trideset i četiri godine prohodao.

Ganesh odbacuje svoje štake na Festivalu čudesne molitve liječenja 2002. godine u Indiji

Na Festivalu čudesne molitve liječenja 2002. u Indiji koji se dogodio u Marina Beach u Chennai dominantnoj Hindu Indiji, okupilo se više od tri milijuna ljudi, iz prve ruke svjedočili nevjerojatna djela snage Boga i mnogi se preobratili na kršćanstvo. Prije ovog pohoda brzina u kojoj se mogu oporavljati kosti i regenerirati mrtvi živci je bila mala. Početkom ovog pohoda u Indiji, djela liječenja su se

*"Više ne mogu osjećati
devet noktiju
koji su pritiskali
na moje tijelo i kosti!*

*Prije nisam mogao ni ustati
zbog boli,
ali sad mogu hodati!"*

Ganash je prohodao
bez štaka
nakon primanja molitve
od dr. Jaerock Leea

suprotstavljala redu ljudskog tijela.

Među onima koji su primili izlječenje bio je i šesnaestogodišnji dječak Ganesh. Pao je sa bicikla i ozlijedio desni dio zdjelice. Teška financijska situacija kod kuće je spriječila primanje ispravnog tretmana. Nakon godinu dana u njegovim kostima se razvio tumor i morali su mu ukloniti desnu stranu zdjelice. Doktori su ugradili tanku metalnu ploču u njegovu bedrenu kost i preostali dio njegove zdjelice i učvrstili ploču sa devet vijaka. Nesnosna bol od učvršćenih vijaka mu nije dopuštala penjanje ni spuštanje stepenicama ili hodati bez štaka.

Kada je čuo za pohod, Ganesh je došao na njega i doživio vatrena djela Svetog Duha. Na drugom od četiri dana pohoda kada je primio "molitvu za bolesne" osjetio je kako se njegovo tijelo grije, kao da je stavljen u kipuću vodu i nije više osjetio bol u tijelu. Odmah se popeo na pozornicu i dao svjedočanstvo o svom ozdravljenju. Odtada nije više osjetio bol nigdje na tijelu, nije koristio štake i slobodno je hodao i trčao.

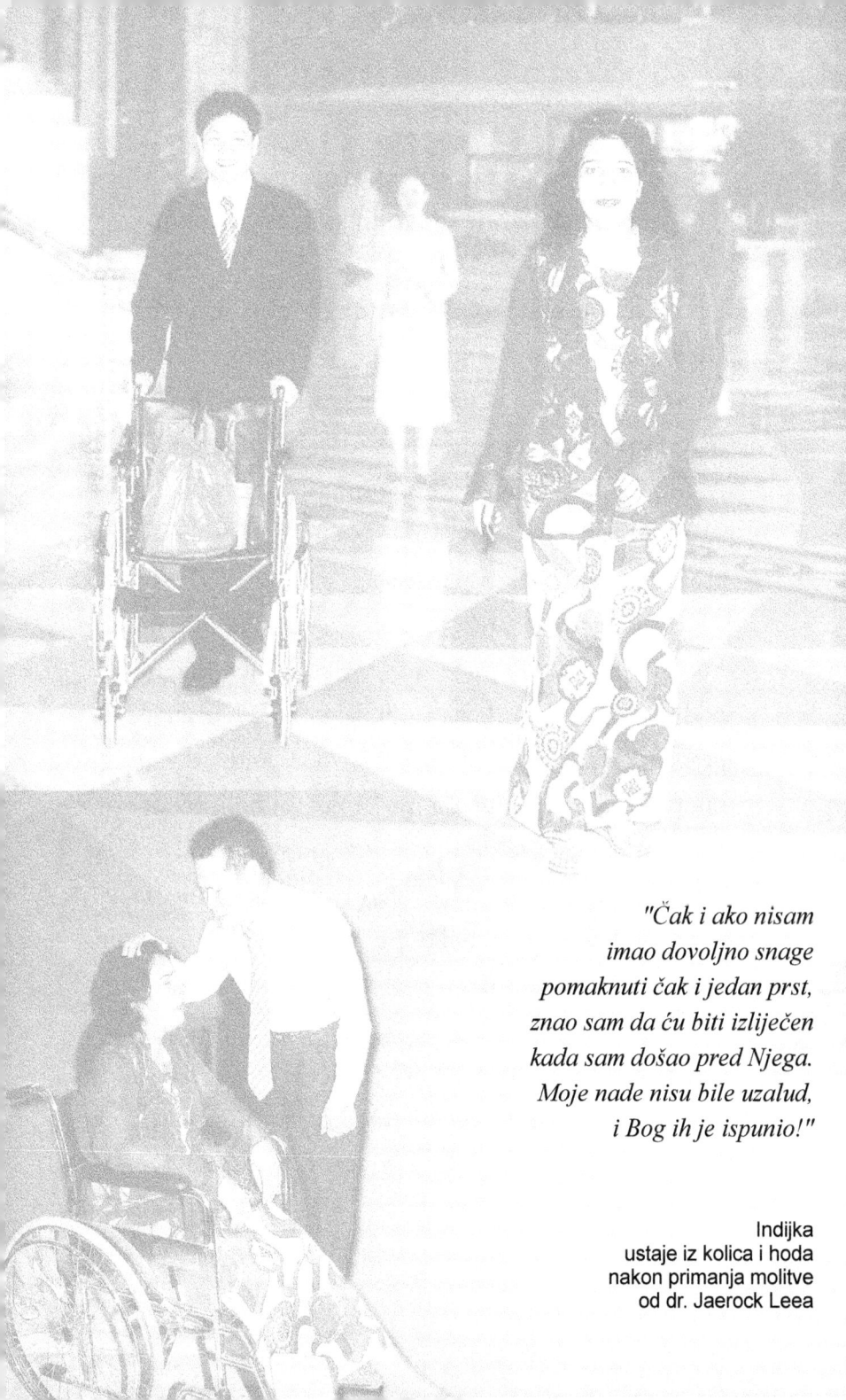

"Čak i ako nisam imao dovoljno snage pomaknuti čak i jedan prst, znao sam da ću biti izliječen kada sam došao pred Njega. Moje nade nisu bile uzalud, i Bog ih je ispunio!"

Indijka
ustaje iz kolica i hoda
nakon primanja molitve
od dr. Jaerock Leea

Žena se ustaje iz svojih kolica u Dubaiju

U travnju 2003. godine kada sam bio u Dubaiju, Ujedinjeni Arapski emirati, žena koja je bila Indijka je ustala iz kolica čim je primila moju molitvu. Ona je bila inteligentna žena koja je studirala u Sjedinjenim Američkim državama. Zbog osobnih problema ona je patila od psihičkog šoka koji je bio pojačan posljedicama prometne nesreće i komplikacija.

Kada sam prvi put vidio ovu ženu, ona nije mogla hodati, nedostajalo joj je snage za pričanje i nije mogla podići svoje naočale koje su joj pale. Dodala je da je bila preslaba za pisanje ili dizanje čaše vode. Kada su je drugi samo dotakli ona je bila u nevjerojatnoj boli. Međutim, nakon molitve je žena odmah ustala iz svojih kolica. Čak sam i ja bio iznenađen kada je ova žena koja nije imala snage pričati prije nekoliko minuta sada mogla pokupiti svoje stvari i izaći iz sobe.

Jeremija 29-11 nam govori da '"Jer ja znam, koje misli nosim za vas', govori Gospod: 'Odluke su na spasenje, a ne na nesreću, da vam dadnem budućnost punu ufanja.'" Naš

Bog Otac nas je tako voli da nam je bezpoštedno dao Svog jednog i jedinog Sina.

Stoga, čak i ako si vodio jadan život zbog fizičke nemogućnosti moraš se nadati u sretan i zdrav život preko vjere u Boga Oca. On ne želi vidjeti bilo koga od Svoje djece u iskušenjima i mukama. Nadalje, On žudi da svatko ima svjetski mir, radost, sreću i budućnost.

Kroz priču o paraliziranom čovjeku zapisanu po Marku 2, moraš se upoznati sa načinima i metodama po kojima možeš primiti odgovore na želje svog srca. Molim se da svatko od vas pripremi lađu vjere i primi sve što traži u ime našeg Gospoda Isusa Krista!

Poruka 8
Ljudi će se radovati, plesati i pjevati

Marko 7:31-37

*On otide opet iz područja Tira
i dođe preko Sidona na Galilejsko more
posred područja Dekapolisa.
Tada donesoše k njemu
gluhonijema
i zamoliše,
da metne na njega ruku.
On ga uze iz naroda nasamo,
stavi mu prste svoje u uši i pljuvačkom
se dotače jezika njegova.
Tada uzdahnuvši pogleda na nebo
i reče mu: "Effata", to jest: "Otvori se!"
Odmah se otvoriše uši njegove,
Sveza jezika njegova razriješi se,
i mogao je lijepo govoriti.
A on im zabrani, da nikome ne govore ništa o tom.
Ali što im je on strože zabranjivao,
to su oni još revnije pripovijedali.
Vrlo zadivljeni govorili su:
"On čini sve dobro:
gluhe čini da čuju i nijeme da govore"*

Možemo po Mateju 4:23-24 pronaći sljedeće:

Isus je prolazio po svoj Galileji. Učio je u sinagogama, navješćivao radosnu vijest o kraljevstvu i liječio svaku bolest i svaku nemoć u narodu. Glas o njemu raširio se po svoj Siriji. Donosili su mu sve, koji su trpjeli od različitih bolesti i muka, i opsjednute, mjesečnjake i uzete, i on ih je izliječio.

Isus nije samo propovijedao riječ Boga i dobre vijesti o kraljevstvu, nego je i izliječio nebrojene ljude koji su patili od bolesti. Liječeći bolesti koje su imune na ljudsku moć riječ koju je Isus proglasio je ugravirana u srca ljudi i On ih je poveo do Neba kroz njihovu vjeru.

Isus liječi gluhonijemog čovjeka

Po Marku 7 je priča o vremenu kada je Isusa putovao od Tira do Sidona, tada odande do mora Galilee i u regiju Decapolisa te izliječio gluhonijemog čovjeka. Ako je netko "jedva mogao pričati" to znači da muca i ne može elokventno pričati. Čovjek iz ovog pasusa je vjerojatno učio pričati kada je bio dijete ali je postao gluh kasnije i sada je "jedva mogao pričati".

"Gluhonijema osoba" je netko tko nije učio jezik i pričanje jer je gluh, dok se "bradyacusia" odnosi na poteškoće u slušanju. Postoje brojni načini kako netko postaje gluhonijem. Prvi način je naslijeđeno. U drugom slučaju, netko se rodi kao gluhonijem ako je majka patila od rubele (drugačije poznata kao "Njemačke boginje") ili uzimala pogrešne lijekove tijekom trudnoće. U trećem slučaju, ako je djetetu dijagnosticiran meningitis kada ima tri ili četiri godine, u to vrijeme dijete uči pričati i može postati gluhonijemo. U slučaju bradyacusie, ako je bubnjić razderan slušni aparati mogu umanjiti poteškoće. Ako je problem u samim slušnim živcima nikakav aparat ne može pomoći. Za druge slučajeve u kojima netko radi u vrlo glasnom okolišu ili se slabljenje sluha dogodi kako netko ostari ne postoji osnovni lijek.

Uz to, netko može postati gluh ili nijem ako ga je

zaposjeo demon. U takvim slučajevima kada netko s duhovnim autoritetom istjera zle duhove, ta osoba će ponovno moći čuti i pričati. Po Marku 9:25-27 kada je Isus istjerao zlog duha iz dječaka koji nije mogao pričati, "Duše nijemi i gluhi! Ja ti zapovijedam: Izađi iz njega i ne vraćaj se više nikada natrag u njega!" (s.25) zli duh je napustio dječaka i dječak je odmah postao dobro.

Vjeruj da kada Bog radi ni jedna bolest ni slabost nikad neće predstavljati problem niti ti prijetiti. Zbog toga možemo pronaći u Jeremiji 32:27, "Gle, ja sam Gospod, Bog svega tijela, je li mi je što nemoguće?" Psalam 100:3 nas potiče da "Spoznajte: Gospod, on je Bog, on nas je stvorio: zato smo mi njegovi, narod njegov, stado na paši njegovoj!" dok nas Psalam 94:9 podsjeća, "Koji je stvorio uho, taj zar da ne čuje; koji je načinio oko, taj zar da ne vidi?" Kada vjerujemo u svemogućeg Boga Oca koje je formirao naše uši i oči iz dubine naših srca, sve je moguće. Zbog toga je za Isusa, koji je došao na zemlju u tijelu, sve moguće. Kako nalazimo po Marku 7 kada je Isus izliječio gluhog i nijemoga čovjeka čovjekove uši su se otvorile i njegove riječi su postale koherentne.

Kada ne vjerujemo samo u Isusa Krista nego i pitamo za Božju moć zrelom vjerom, ista djela koja su zapisana u Bibliji će se dogoditi čak i danas. Na ovo Poslanica Hebrejima 13:8 nam govori "Isus Krist je isti, jučer i danas i u vijeke." dok nas poslanica Efežanima 4:13 podsjeća da trebamo "Dok ne stignemo svi u jedinstvo vjere i poznanja Sina Božjega u čovjeka savršena, u mjeru dobi punine Kristove;"

Međutim, degeneracija dijelova tijela gluhonijemosti kao rezultat smrti živčanih stanica se ne može izliječiti preko dara liječenja. Tek kada pojedinac koji je ostvario potpunu mjeru punine Isusa Krista, prima moć i autoritet Boga i moli se u skladu s željom Boga, tada će se dogoditi liječenje.

Događaji Božjeg liječenja gluhih u Manmin crkvi

Vidio sam mnoge slučajeve u kojima je bradycusia bila izliječena i nebrojene ljude koji od rođenja nisu mogli čuti da sam mogu čuti po prvi put. Bilo je dvije osobe koje su po prvi puta čuli kada su imali pedeset pet i pedeset i sedam

Pjesma zahvale
ljudi
koji su bili ozdravljeni gluhoće

*"Sa životima
Koje si nam dao,
mi ćemo hodati
na ovoj zemlji
žudeći za Tobom.*

*Moja duša koja je žedna Krista
dolazi k Tebi."*

Đakonica Napshim Park daje hvalu Bogu nakon ozdravljenja svoje
55 godišnje gluhoće

godina.

U rujnu 2000. godine kada sam provodio Festival čudesnog liječenja u Nagoya, Japan, trinaest ljudi koji su patili od poteškoća u sluhu su dobili izlječenje čim su primili moju molitvu. Ova vijest je došla do mnogih koji su imali problema sa sluhom u Koreji pa su mnogi od njih došli na deveti dvotjedni specijalni susret oživljavanja u svibnju 2001. godine, primili izlječenje i uvelike slavili Boga.

Među njima je bila trideset trogodišnja žena koja je bila gluhonijema od nesreće kada je imala osam godina. Nakon što su je doveli u našu crkvu malo prije našeg susreta 2001. godine, ona se pripremima za primanje odgovora. Žena je posjećivala dnevne "Danijelove molitvene susrete" i, budući da se sjeća grijeha u prošlosti, ona je izribala svoje srce. Nakon što se pripremala za sastanak oživljavanja u iskrenoj želji ona je došla na sastanak. Tijekom zadnjeg dijela susreta, kada sam položio svoje ruke na gluhonijeme i molio se za njih ona nije osjetila nikakvu promjenu. Međutim, ona nije bila razočarana. Umjesto toga, ona je vidjela svjedočanstva onih koji su primili izlječenja u sreći i zahvalnosti, te vjerovala da bi trebala biti još iskrenija pa će biti izliječena.

Bog je to vidio kao vjeru i izliječio ženu nedugo nakon sastanka. Vidio sam djelo Božje moći koja se manifestitra čak i nakon završetka susreta. Štoviše, slušni test na koji je išla je samo svjedočio potpunom izlječenju oba uha. Aleluja!

Urođena gluhoća prima izlječenje

Količina manifestacije Božje snage se povećavala iz godine u godinu. Na pohodu čudesnog liječenja u Hondurasu 2002. godine nebrojeni su ljudi koji su bili gluhi i nijemi počeli slušati i govoriti. Kada je kćerka zapovijednika zaštitarskog osoblja ozdravila za vrijeme pohoda od cijeloživotne gluhoće, ona je postala tako uzbuđena i nevjerojatno zahvalna.

Jedno uho osmogodišnje Madeline Yaimin Bartres nije ispravno izraslo i ona je postupno gubila sluh. Nakon što je čula za pohode, Madeline je molila oca da je povede. Ona je primila obilnu milost tijekom vremena hvale i nakon što je primila moju molitvu za sve bolesne ona je mogla jasno čuti. Budući da je njen otac vjerno radio za pohode, Bog je tako blagoslovio njegovo dijete.

Na Indijskom festivalu čudesne ljekovite molitve Jennifer otklanja svoj slušni aparat

Iako nismo mogli zapisati sva nebrojena svjedočanstva liječenja tijekom i nakon pohoda u Indiji, čak i sa odabranih nekoliko uvjereni smo u davanje zahvale i slave Bogu. Među takvim slučajevima je i priča o djevojci imena Jennifer koja je bila gluhonijema od rođenja Doktor je predložio da nosi slušno pomagalo koje bi malo poboljšalo njen sluh ali ju je podsjetio da njen sluh ne bi bio savršen.

Dok se Jenniferina majka molila svakog dana za kćerkin sluh oni su posjetili pohode. Majka i kćerka su sjedila blizu velikih zvučnika jer blizina glasnih zvučnika nije nikako smetalo Jannifer. Zadnji dan pohoda zbog velikog broja

Jennifer je ozdravljena svoje urođene gluhoće i procjena njene doktorice

CHURCH OF SOUTH INDIA
MADRAS DIOCESE
C. S. I. KALYANI MULTI SPECIALITY HOSPITAL
15, Dr. Radhakrishnan Salai, Chennai-600 004. (South India)

Phone : 857 11 03
859 23 05

Ref. No. _____ Date: 15/10/02

To whom it may concern

Miss Jennifer aged 5 yrs has been examined by me at CSI Kalyani hospital for her hearing. After interacting with the child and observing her and after examining the child, I have come to the conclusion that Jennifer has definitely good hearing improvement now than before she was prayed for. Her mother observation of her child is far more important and the mother has definitely noticed marked improvement in her child's hearing ability. Jennifer hears much better without the hearing aid, responding to her name being called when as previously she was not inclined the and

Medical Officer,
C. S. I. KALYANI GENERAL HOSPITAL

Audiogram Result: Reduces to severe congenital hearing loss. He 50% - 40% hearing loss. Chronic

ljudi koji su se okupili nisu mogli pronaći sjedalo u blizini zvučnika. Što je uslijedilo je stvarno bilo nevjerojatno. U trenutku kada sam završio molitvu za bolesne sa govornice, Jennifer je rekla svojoj majci da joj je zvuk preglasan i zamolila ju da joj skine slušno pomagalo. Aleluja!

Prema medicinskim zapisima prije izlječenja, bez slušnih aparata, Jenniferin sluh nije reagirao ni na najintenzivniji zvuk. Drugim riječima, Jennifer je izgubila sto posto svog sluha, ali nakon što je primila molitvu 30-50 posto njenog sluha joj se obnovilo. Slijedi izvještaj otorinoralingologa Christine za Jannifer:

> Kako bih procijenila slušne mogućnosti Jannifer, dob 5, provjerila sam njen invertar somatizacije. Kalyani Multi Specialty Hospital. Nakon što sam pričala sa Jannifer i pregledala ju, došla sam do zaključka da postoji siguran i značajan napredak u njenom sluhu nakon molitve. Mišljenja Jenniferine majke su također važna. Ona je zapazila isto što i ja: Jenniferin sluh se sigurno i drastično popravio. U ovo vrijeme Jennifer je mogla čuti dobro bez slušnih pomagala i odgovarala je dobro kada su ljudi zvali

njeno ime. To nije bilo tako bez slušnih aparata prije molitve.

Onima koji pripremaju svoje srce u vjeri, moć Boga će se bez sumnje manifestirati. Naravno, postoje mnogi primjeri u kojima su se stanja pacijenata popravljala svaki dan sve dok su vodili vjeran život u Kristu.

Često Bog ne daje odmah potpuno izlječenje onima koji su bili gluhi od mladosti. Kada bi odmah dobili dobar sluh od trenutka kada su izliječeni bilo bi im teško podnijeti toliko zvukova. Ako su ljudi izgubili sluh nakon što su odrasli Bog bi ih mogao potpuno izliječiti odmah jer bi im ne bi trebalo toliko vremena za prilagoditi se zvukovima. U takvim slučajevima, ljudi bi bili zbunjeni u početku ali nakon dan ili dva oni bi se smirili i naviknuli na sposobnost sluha.

U travnju 2003. godine, tijekom mog puta u Dubai u Ujedinjenim Arapskim Emiratima, sreo sam trideset dvogodišnju ženu koja je izgubila sposobnost govora nakon cerebralnog meningitisa kada je imala dvije godine. U trenutku kada je primila moju molitvu žena je jasno rekla "Hvala ti!" Mislio sam da je njena opaska samo znak zahvalnosti, ali njeni roditelji su mi rekli da je prošlo tri desetljeća otkako je njihova kćerka zadnji put rekala "hvala ti."

Kako biste mogli doživjeti snagu koje omogućuje nijemima pričati i gluhima čuti

Po Marku 7:33-35 je sljedeće:

On ga uze iz naroda nasamo, stavi mu prste svoje u uši i pljuvačkom se dotače jezika njegova. Tada uzdahnuvši pogleda na nebo i reče mu: "Effata", to jest: "Otvori se!" Odmah se otvoriše uši njegove, Sveza jezika njegova razriješi se, i mogao je lijepo govoriti.

Ovdje "Effata" znači "Otvori se" na Hebrejskom. Kada je Isus zapovjedio na izvornom glasu stvaranja čovjekove uši su se otvorile i njegov jezik se razvezao.

Zašto je tada Isus stavio Svoje prste u čovjekove uši prije

nego je zapovjedio "Effata"? Poslanica Rimljanima 10:17 nam govori, "Dakle vjera je od propovijedanja, a propovijedanje riječju Kristovom." Budući da ovaj čovjek nije mogao čuti, nije mu bilo lako vjerovati. Nadalje, čovjek nije došao pred Isusa kako bi primio izlječenje. Umjesto toga, neki su ljudi doveli ovog čovjeka do Isusa. Stavljajući Svoje prste u čovjekove uši Isus je pomogao čovjeku da ima vjeru kroz osjećaj Njegovih prstiju.

Tek kada shvatimo duhovno značenje upisano u sceni u kojoj Isus manifestira Božju moć možemo doživjeti Njegovu moć. Koje točno korake moramo poduzeti?

Prvo moramo posjedovati vjeru kako bismo primili izlječenje

Čak iako je mlad, onaj koji treba primiti liječenje mora posjedovati vjeru. Međutim, za razliku od vremena kada je Isus živio zbog napretka civilizacije, postoje mnogi mediji, uključujući znakovni jezik preko kojega čak i oni sa problemima sa sluhom mogu doći do evanđelja. Od prije nekoliko godina sve poruke na misi u Manmin crkvi se simultano prevodi na znakovni jezik. Prijašnje poruke se također stalno prevode na znakovni jezik na našoj veb stranici.

Nadalje, na mnoge druge načine uključujući knjige, novine, magazine i video te audio kasete možeš posjedovati vjeru sve dok imaš želje. Jednom kada imaš vjeru, možeš osjetiti moć Boga. Spomenio sam brojna svjedočanstva kao način za zadobivanje vjere.

Sljedeće moramo primiti oprost

Zašto je Isus pljunio i dodirnio čovjekov jezik nakon što je stavio Svoje prste u čovjekove uši? Ovo duhovno simbolizira krštenje vodom i bio je potrebno za opraštanje čovjekovih grijeha. Krštenje vodom znači da smo po riječi Boga koja je čista poput vode očišćeni od svojih grijeha. Kako bi iskusio moć Boga čovjek prvo mora riješiti problem grijeha. Umjesto čišćenja čovjekove nečistoće vodom, Isus joj je zamijenio Svojom slinom i time simbolizirao oprost za ovog čovjeka. Izaija 59:1-2 nam govori, "Gle, nje prekratka ruka Gospodnja, da pomogne, nije gluho njegovo uho, da čuje. Ne, zlodjela vaša rastavljaju vas s Bogom vašim, grijehi vaši zaklonili su lice njegovo od vas, da ne čuje."

Kako je Bog obećao u 2. Ljetopisa 7:14, "I tada se narod moj, koji je nazvan po mojemu imenu, ponizi i pomoli se i potraži moje ime i povrati se od zlih putova svojih, onda ću ih ja uslišiti u nebu, oprostit ću im grijehe njihove i spasit ću zemlju njihovu" kako bi primio odgovore pred Bogom, moraš na sebe istinito pogledati, izribati svoje srce i pokajati se.

Što trebamo pokajati pred Bogom?

Prvo, moraš se pokajati što nisi vjerovao u Boga i prihvatio Isusa Krista. Po Ivanu 16:9, Isus nam govori da će Sveti Duh osuditi svijet kao grešnike jer ljudi ne vjeruju u njega. Moraš shvatiti da je neprihvaćanje Gospoda grijeh i stoga vjeruj u Gospoda i Boga.

Drugo, moraš se pokajati ako nisi volio svoju braću. 1. Ivanova Poslanica 4:11 nam govori, "Ljubljeni, ako nas je

Bog tako ljubio, i mi moramo ljubiti jedan drugoga." Ako te tvoj brat mrzi, umjesto da i ti njega mrziš, moraš biti tolerantan i opraštati. Moraš također voljeti svog neprijatelja, tražiti prvo njegovu korist, misliti i ponašati se kao da se stavljaš na njegovo mjesto. Kada voliš sve ljude, Bog će ti također pokazati suosjećanje, milost i djela liječenja.

Treće, ako si se molio za vlastite interese moraš se pokajati. Bog nije oduševljen onima koji mole iz sebičnih motiva. On ti neće odgovoriti. Od sada se moraš moliti u skladu sa voljom Boga.

Četvrti, ako si se molio ali sumnjao moraš se pokajati. Jakovljeva poslanica 1:6-7 govori, "Ali neka ište s vjerom, ne sumnjajući ništa; jer tko sumnja, sličan je morskomu valu, koji vjetar podiže i goni. Takav čovjek neka ne misli, da će primiti što od Gospodina" U skladu s time, kada se molimo, moramo moliti s vjerom i udovoljiti Mu. Štoviše, kako nas Poslanica Hebrejima 11:6 podsjeća, "A bez vjere nije moguće ugoditi Bogu" odbaci svoje sumnje i pitaj samo s vjerom.

Peto, ako nisi slušao Božje zapovijedi, moraš se pokajati. Kako nam Isus govori po Ivanu 14:21, "Tko ima zapovijedi moje i drži ih, on je onaj, koji me ljubi. A tko ljubi mene, njega će ljubiti Otac moj, i ja ću ga ljubiti i objavit ću mu sebe samoga." kada prikažeš dokaz svoje ljubavi prema Bogu slušajući Njegove naredbe, možeš od njega primiti odgovore. S vremena na vrijeme, vjernici sudjeluju u prometnim nesrećama. To je zato što većina njih nije svetkovala dan Gospodnji ili davala svoju cijelu desetinu. Budući da nisu slušali osnovna pravila kršćanstva, deset zapovijedi, nisu bili stavljeni pod Božju zaštitu. Među onima koji vjerno slijede Njegove zapovijed, neki od njih su uključeni u nesreće svojom vlastitom krivnjom. Međutim, njih je Bog zaštitio. U takvim slučajevima, ljudi ostaju neozlijeđeni čak i u potpuno slupanim vozilima jer ih Bog voli i pokazuje im dokaz svoje ljubavi.

Štoviše, ljudi koji nisu znali Boga često prime brzo izlječenje nakon primanja molitve. To je zbog toga što je samo to što su došli u crkvu djelo vjere i Bog radi u njima. Međutim, kada ljdui imaju vjere i znaju istinu ali nastavljaju se oglušivati o Božje zapovijedi i ne žive po

Njegovoj Riječi, to postaje zid između Boga i tih ljudi i stoga ne mogu primiti izlječenje. Razlog zašto Bog uvelike radi među nevjernicima za vrijeme inozemnih Velikih ujedinjenih pohoda je činjenica da je to što oni koji štuju idole čuju vijesti i dođu na pohode samo po sebi čin vjere u očima Boga.

Šesto, moraš se pokajati ako nisi sijao. Kako nam poslanica Galačanima 6:7 kaže, "što čovjek posije, ono će i požeti" kako bismo doživjeli Božju moć, prvo moramo marljivo dolaziti na misna slavlja. Zapamti da siješ svojim tijelom i primit ćeš blagoslov zdravlja, a kada siješ bogatstvom, primit ćeš blagoslov bogatstva. Stoga ako si htio požeti bez sijanja moraš se pokajati za to.

1. Ivanova poslanica 1:7 govori, "Ako li u svjetlosti hodimo, kao što je on u svijetlu, imamo zajedništvo jedan s drugim, i krv Isusa Krista, Sina njegova, čisti nas od svakoga grijeha." Štoviše, držimo se Božjeg obećanja u 1. Ivanovoj Poslanici 1:9 "Ako priznajemo grijehe svoje, vjeran je i pravedan, da nam oprosti grijehe i očisti nas od svake nepravde." sigurno pogledaj nazad u sebe, pokaj se i

hodaj u svjetlu.

Molim se da primiš Božje suosjećanje, primiš sve što tražiš i po njegovoj moći primiš ne samo blagoslov zdravlja nego i blagoslov u svim poslovima i dijelovima života u ime Gospodina Isusa Krista!

Poruka 9
Neiscrpna providnost Boga

Ponovljeni zakon 26:16-19

*Danas ti zapovijeda Gospod, Bog tvoj
da držiš ove zakone i naredbe.
Točno ih dakle izvršuj
svim srcem i svom dušom!
Danas si se dogovorio s Gospodom, da će on biti Bog tvoj,
a ti da ćeš ići putovima njegovim
i držati njegove zakone,
njegove zapovijedi i njegove odredbe
i slušati glas njegov.
I Gospod se je danas dogovorio s tobom, da ćeš biti njegov narod osobit
kao što ti je obećao,
i da ćeš izvršavati sve zapovijedi njegove.
On će te nad sve narode,
koje je stvorio, podignuti hvalom, dašću i slavom.
A ti budi svet narod
Gospodu, Bogu svojemu,
kao što je zapovjedio!*

Kad ih se upita da izaberu krajnji oblik ljubavi, mnogi ljudi će izabrati ljubav roditelja, posebno majčina ljubav prema svom tek rođenom djetetu. Ipak mi pronalazimo u Izaiji 49:15, "Zaboravi li žena djetešce svoje, ne smiluje li se plodu tijela svojega? A da bi ga i zaboravila, ja ne zaboravljam tebe!" Obilna ljubav Boga je nemjerljiva sa onom majčinom za svoje tek rođeno dijete.

Bog ljubavi želi da svi ljudi ne samo dođu do spasenja, nego i uživaju vječan život, blagoslov, i uživanje u veličanstvenom nebu. Zbog toga nas je On izbavio Svoju djecu od iskušenja i nepogoda i želi nam dati sve što pitamo. Bog također vodi svakog od nas da živimo blagoslovljen život ne samo na zemlji, nego također u vječnom životu.

Sad, kroz moć i proročanstva Bog nam je dopustio u Svojoj ljubavi, mi ćemo ispitati providnost Boga za Manmin Centralnu Crkvu.

Ljubav Boga želi spasiti sve duše

Nalazimo slijedeće u 2. Petrovoj poslanici 3.3-4:

I ovo znajte najprije, da će u posljednje dane doći rugači s varkom, koji će živjeti po svojim vlastitim pohotama i govoriti: "Gdje je obećanje dolaska njegova Jer otkako oci usnuše, sve stoji tako, kako je bilo od početka stvorenja."

Postoje mnogi ljudi koji nam ne vjeruju kada im kažemo o kraju doba. Kao što sunce uvijek raste i pada, ljudi su se uvijek rađali i umirali, i kao što su civilizacije uvijek napredovale, takvi ljudi prirodno misle da će sve nastaviti tako.

Kao što postoji početak i kraj čovjekova života, ako postoji početak povijesti čovječanstva, zasigurno postoji i kraj. Kada vrijeme po izboru Boga dođe, sve u svemiru će se susresti sa krajem. Svi ljudi koji su ikad živjeli od Adama će primiti sud. Prema tome kako su živjeli na ovoj zemlji, on će otići ili na nebo ili u pakao.

U jednu ruku, ljudi koji vjeruju u Isusa Krista i žive prema riječi Boga će uči na nebo. U drugu ruku, oni koji ne vjeruju čak i nakon evangelizacije, i ljudi koji ne žive prema riječi Boga nego umjesto žive u grijehu i zlu, čak iako svjedoče svoju vjeru u Gospoda, će ući u pakao. Zato je Bog željan širiti evanđelje kroz svijet što je brže moguće, tako da će čak i dodatna duša primiti spasenje.

Moć Boga se širi do kraja doba

Sam razlog zašto je Bog uspostavio Manmin Centralnu Crkvu i manifestira čudesnu moć leži tu. Kroz prikaz Svoje moći, Bog želi pružiti dokaz postojanja pravog Boga, i osvijetliti ljude o stvarnosti neba i pakla. Kao što nam Isus govori po Ivanu 4:48, "Ako ne vidite znakova i čudesa, ne vjerujete," posebno u vrijeme u kojem grijeh i zlo uspijevaju i znanje napreduje, rad moći koja može uništiti čovječje misli je sve potrebnija. Zbog toga je, na kraju doba, Bog disciplinira Manmin i blagoslivlja ga sa stalno rastućom moći.

Nadalje, kultivacija čovječanstva koju je Bog osmislio isto se tako približava kraju. Dok kraj vremena po Božjem izboru ne dođe, moć je potreban uređaj koji može spasiti sve ljude koji imaju šanse primiti spasenje. Samo sa moći se može više ljudi voditi prema spasenju bržim putem.

Zbog stalnog progona i nepogoda, jako je teško širiti evanđelje u nekim zemljama oko svijeta i čak postoje ljudi koji još nisu ni čuli evanđelje. Nadalje, čak i među onima koji ispovijedaju svoju vjeru u Gospoda, broj ljudi sa pravom vjerom nije visok kao što ljudi misle. Po Luki 18:8 Isus nas pita, "Ali Sin čovječji, kad dođe, hoće li naći vjeru na zemlji?" Mnogi ljudi posjećuju crkvu, ali bez puno razlike od ljudi svijeta, oni nastavljaju živjeti u grijehu.

Ipak, čak i u zemljama i regijama svijeta gdje je ozbiljan progon kršćana, jednom kad ljudi osjete rad moći Boga, vjera koja se ne boji smrti procvjeta i vatreno širenje evanđelja uslijedi. Ljudi koji žive u grijehu bez prave vjere su sad osnaženi živjeti prema riječi Boga kada oni iskuse iz prve ruke rad moći živućeg Boga.

Na mnogim prekomorskim misijskim putovanjima, ja sam bio u zemljama koje legalno zabranjuju evangelizaciju i propovijedanje evanđelja i progone crkvu. Svjedočio sam u takvim zemljama kao što je Pakistan i Ujedinjeni Arapski Emirate, u oba islam cvijeta, i pretežito hinduistička zemlja Indija, da kada se svjedoći o Isusu Kristu i dokazi sa kojima bi ljudi mogli vjerovati u živog Boga su prikazani, nebrojene duše su pretvorene i prime spasenje. Čak i ako štuju idole, jednom kad iskuse rad moći Boga, ljudi krenu prihvatiti Isusa Krista bez straha legalnih posljedica. To svjedoći sirovoj snazi moći Boga.

Kao što ratar žanje plodove u žetvi, Bog prikazuje takvu veličanstvenu moć tako da bi On mogao žeti sve duše koje primaju spasenje u zadnjim danima.

Znakovi kraja vremena zapisani u Bibliji

Čak sa riječi Boga zapisanoj u Bibliji, mi možemo reći vrijeme u kojem živimo je blizu kraju doba. Iako Bog nije rekao točan datum i vrijeme kraja doba, On je dao tragove sa kojima možemo reći da je kraj doba. Kao što možemo predvidjeti da je kiša blizu kada se oblaci počnu skupljati, kroz način na koji se povijest nastavlja otkrivati, znakovi u Bibliji nam dopuštaju predvidjeti zadnje dane.

Na primjer po Luki 21. "Kad čujete za ratove i bune, ne dajte se stim uplašiti! To mora najprije doći, ali još nije odmah svršetak" (s.9), i "Jaki potresi bit će posvuda, bit će glad i kuga. Strahote i veliki znači pojavit će se na nebu" (s.11).

U 2. poslanici Timoteju 3:1-5 piše slijedeće:

Ali ovo znaj, da će u Posljednje dane nastati vremena teška; Jer će ljudi biti samoživi, lakomi, hvališe, oholice, psovači, nepokorni roditeljima, nezahvalni, opaki, neljubezni, nepomirljivi, klevetnici, neuzdržljivi, nemilosrdni, okrutni, izdajnici, drzoviti, naduveni, koji više mare za slasti nego za Boga, koji imaju obličje pobožnosti, a sile su se njezine odrekli; i ovih se kloni!

Postoje mnoge katastrofe i znakovi suda u svijetu, i srce i misli ljudi su postali još više zli danas. Svaki tjedan, ja primim isječak vijesti o događajima i nesrećama, i volumen svakog isječka se stalno povećavao. To znači da ima mnogo katastrofa, nepogoda, i zlih događaja koji se događaju u svijetu.

Ipak, ljudi nisu tako osjetljivi na te događaje i nesreće kao što su nekad bili. Pošto stalno dolaze u dodir sa takvim pričama o tim događajima i nesrećama, ljudi su postali imuni na njih. Mnogi od njih više ne uzimaju ozbiljno brutalne zločine, velike ratove, prirodne katastrofe, i žrtve iz takvih zločina i nepogoda. Takvi događaji su nekada punili naslove masovnih medija. Međutim, ako nisu duboko potresli ili se dogodili nekome koga znaju, za većinu ljudi takvi događaji nisu značajni i ubrzo su zaboravljeni.

Kroz način po kojim se povijest otkriva, ljudi koji su budni i imaju jasnu komunikaciju sa Bogom svjedoče u jednom glasu da je Drugi Gospodov dolazak blizu.

Proročanstva kraja vremena i Božja providnost za Manmin Centralnu Crkvu

Kroz Božje proročanstvo koje je otkriveno Manminu, mi možemo reći da je uistinu kraj doba. Od Manminovog osnutka do danas, Bog je predvidio rezultate predsjedničkih i parlamentarnih izbora, smrt važnih i jako poznatih ljudi i u Koreji i u svijetu, i mnogi drugi događaji koji su oblikovali povijest svijeta.

U mnogim slučajevima ja sam otkrio takvu informaciju u akronimima u tjednim crkvenim biltenima. Ako je sadržaj bio preosjetljiv, otkrio sam ga samo nekoliko osoba. U posljednjim godinama, ja sam proglasio sa propovijedavaonice s vremena na vrijeme otkrivenja o Sjevernoj Koreji, SAD- u, i događajima koji su se dogodili u svijetu.

Većina proročanstva se ispunila kao što je predviđeno, a proročanstva koja se tek moraju ispuniti dohvaćaju događaje koju su ili u tijeku ili tek trebaju doći. Značajna činjenica da je većina proročanstava tiče se događaja koji će se tek dogoditi i tiče se zadnjih dana. Među njima su Božja providnost za Manmin Centralnu Crkvu, mi ćemo ispitati par od tih proročanstava.

Prvo proročanstvo tiče se odnosa Sjeverne i Južne Koreje.

Od osnutka, Bog je otkrio veliki dio o Sjevernoj Koreji Manminu. To je zbog toga što mi imamo poziv za evangelizaciju Sjeverne Koreje u zadnjim danima. U 1983. Bog mi je otkrio sastanak između vođa Sjeverne i Južne Koreje i posljedice. Ubrzo nakon sastanaka, Sjeverna Koreja će otvoriti vrata svijetu na kratko ali će ih ubrzo zatvoriti. Bog nam je rekao da kada se Sjeverna Koreja otvori, evanđelje svetosti i moć Boga će ući u zemlju i evangelizacija će uslijediti. Bog nam je rekao da zapamtimo da će Dolazak Gospoda biti ubrzo, kada se Sjeverna i Južna Koreja izraze u određen način. Jer mi je Bog rekao da pazim način na koji će se dvije Koreje "izražavati u određen način"

tajnim, ja ne mogu još uvijek otkriti tu informaciju. Kao što je većina vas svjesna, sastanak između vođa dvije Koreje se dogodio u 2000. Možeš vjerojatno osjetiti da će Sjeverna Koreja podleći pod pritiskom svijeta, i otvoriti svoja vrata.

Drugo proročanstvo se tiče poziva za svjetsku misiju.

Bog je pripremio za Manmin broj prekomorskih pohoda na kojima su desetci tisuća, stotine tisuća, i milijuni ljudi skupljeni, i blagoslovio nas da brzo evangeliziramo svijet s Njegovom veličanstvenom moći. Oni uključuju Pohod Svetog Evanđelja u Ugandu, vijest koju je preko svijeta prenio CNN; Pohod Ozdravljenja u Pakistanu, koji je potresao islamski svijet i otvorio put misionarskom radu na Srednjem Istoku; Pohod Svetog Evanđelja u Keniji na kojim su se mnoge, mnoge bolesti, uključujući AIDS, izliječile; Ujedinjeni Pohod Izlječenja na Filipinima na kojim se Božja moć prikazala eksplozivno; Čudesan Pohod

Izlječenja u Hondurasu, koji je podigao četvrti uragan Svetog Duha; i Čudesni Molitveni Pohod Izlječenja u Indiji, najvećoj hinduističkoj zemlji na svijetu, u kojoj su se preko tri milijuna ljudi okupilo tijekom četiri dana pohoda. Svi ti pohodi su imali ozbiljan temelj sa kojim je Manmin mogao ući u Izrael, njegovo krajnje odredište.

Pod Njegovim velikim planom kultivacije čovječanstva, Bog je stvorio Adama i Evu, i nakon života početog na zemlji, čovječanstvo se umnožilo. Među mnogo ljudi, Bog je odabrao jednu naciju, Izrael, Jakobove potomke. Kroz povijest Izraelaca, Bog je želio otkriti Svoju slavu i providnost za kultivaciju čovječanstva nije samo za Izrael nego za sve ljude svijeta. Ljudi Izraela prema tome služe kao model za kultivaciju čovječanstva, a povijest Izraela, sa kojom Sam Bog upravlja, nije samo povijest nacije nego Njegova poruka za sve ljude. Nadalje, prije završetka kultivacije čovječanstva koja je počela sa Adamom, Bog je želio da se evanđelje vrati u Izrael, odakle je poteklo. Međutim, jako je teško provesti kršćansko okupljanje i širiti evanđelje Izraelom. Prikaz Božje moći koji može potresti nebo i zemlju je potreban u Izraelu, i ispunjenje tog dijela Božje providnosti je zvanje Manmina u zadnjim danima.

Kroz Isusa Krista, Bog je ostvario providnost spasenja čovječanstva, i dozvolio svakome tko prihvati Isusa kao svog Spasitelja da primi vječan život. Međutim, Božji izabrani ljudi Izraela nisu prihvatili Isusa kao Mesiju. Nadalje, čak do trenutka dok su Njegova djeca uzdignuta u zrak, ljudi Izraela neće shvatiti providnost spasenja kroz Isusa Krista.

U zadnjim danima, Bog želi da se ljudi Izraela pokaju i prihvate Isusa kao svog Spasitelja tako da oni mogu primiti spasenje. Zato je Bog dozvolio evanđelje svetosti da uđe i raširi se kroz Izrael kroz plemenito zvanje koje je On dao Manminu. Sad kad je važan temelj za misijski rad na Bliskom Istoku uspostavljen u travnju 20003, prema volji Boga, Manmin se priprema za Izrael i ostvaruje providnost Boga.

Treće proročanstvo se tiče izgradnje Velikog Svetilišta.

Ubrzo nakon osnutka Manmina, kako je On otkrio Svoju providnost za zadnje dane, Bog nam je dao zvanje izgradnje Velikog Svetilišta koje će otkriti slavu Boga za sve ljude na svijetu.

U vrijeme Starog Zavjeta, bilo je moguće primiti spasenje djelima. Čak i ako grijeh u srcu nije odbačen, sve dok grijeh nije počinjen izvana, svatko se mogao spasiti. Hram iz vremena Starog Zavjeta je bio hram u kojem su ljudi slavili Boga samo sa djelima, kao što je zakon propisao.

Međutim tijekom vremena Novog Zavjeta, Isus je došao i ispunio zakon ljubavi, i sa našim vjerom u Isusa Krista mi smo primili spasenje. Hram koji je Bog želio u vrijeme Novog Zavjeta neće se izgraditi samo sa djelima nego i sa srcem. Taj hram će izgraditi prava Božja djeca koja su odbacila grijeh, u posvećenom srcu i njihova ljubav za Njega. Zato je bog dozvolio uništenje Hrama u vrijeme Starog Zavjeta i želio je da se novi hram sagradi sa pravom duhovnom važnosti.

Prema tome, ljudi koji grade veliko Svetilište moraju biti smatrani ispravnima u Božjem vidu. Oni moraju biti Božja djeca koji su obrezali svoja srca, svetog i čistog srca, i ispunjeni sa vjerom, nadom, i ljubavi. Kada Bog vidi Veliko Svetilište kako je sagrađeno sa Njegovom posvećenom djecom, On će biti utješen ne samo sa pojavom zgrade. Umjesto toga, sa Velikim Svetilištem, On će sakupiti proces u kojem će se Svetilište sagraditi, i sjetiti se svakog od Svoje prave djece koja su plod Njegovih suza, žrtve, i strpljivosti.

Veliko Svetilište ima duboku važnost. To će služiti kao podsjetnik za ljudsku kultivaciju kao i simbol utjehe za Boga nakon žetve dobrog ploda. Sagrađen je u zadnjim danima jer je monumentalan građevinski projekt koji će otkriti Božju slavu svim ljudima na svijetu. Na 600 metara (oko 1970 stopa) u promjeru i sedamdeset metara (230 stopa) visine, Veliko Svetilište je masivna zgrada koja će biti načinjena sa svim tipovima prekrasnih, rijetkih, i dragih materijala, i svaki dio strukture i dekoracije, slava Novog Jeruzalema, šest dana stvaranja, i moć Boga će biti utkano.

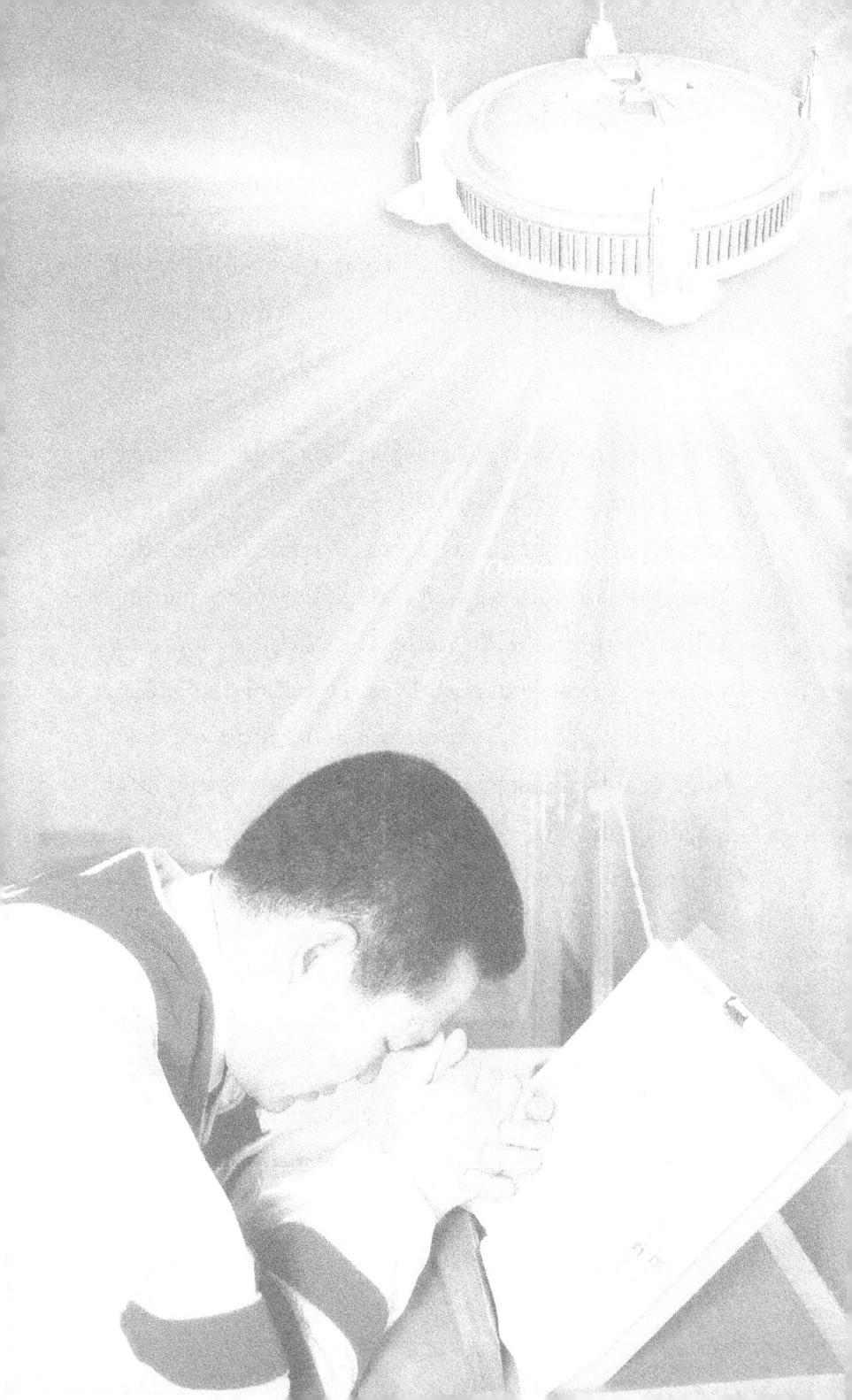

Gledajući na Veliko Svetilište samo će biti dovoljno da natjera ljude na osjete veličanstvenost i slavu Boga. Čak i nevjernici će biti začuđeni na taj pogled i prihvatiti će Njegovu slavu.

Konačno, gradnja Velikog Svetilišta je priprema arke u kojoj će nebrojene duše primiti spasenje. U zadnjim danima kada grijeh i zlo prevladavaju, kao što je bilo u Noino doba, kada ljudi koje su djeca Božja vodili, On smatra pravim za Veliko Svetilište i izađu vjerovati u Njega će moći dobiti spasenje. Sve više ljudi će čuti vijesti o Božjoj slavi i moći te će sami doći vidjeti za sebe. Kada dođu, nebrojeni dokazi Boga će biti predstavljeni. Oni će također biti naučeni tajnama duhovnog svijeta i prosvijetljeni o Božjoj volji koji traži požeti pravu djecu koja sliče Njegovoj slici.

Veliko Svetilište će služiti kao jezgra finalne faze širenja evanđelja preko cijelog svijeta prije Drugog Dolaska našeg Gospoda. Nadalje, Bog je rekao Manminu da kada vrijeme dođe za izgradnju Velikog Svetilišta, On će voditi kraljeve i osobe bogatstva i moći da im pomognu sa izgradnjom.

Od njegovog osnutka, Bog je otkrio proročanstvo o zadnjim danima i Njegovoj providnosti za Manmin Centralnu Crkvu. Čak i do danas, On nastavlja prikazivati svoju stalno rastuću moć i ispunjenje Njegove Riječi. Kroz crkvenu poviejsti, Sam Bog je vodio Manmin da bi se ostvarila Njegova providnost. nadalje, do trenutka povratka našeg Gospoda, On će nas voditi da bi ostvarili sve zadatke koje nam je On zadao i otkrio slavu Gospoda preko cijelog svijeta.

Po Ivanu 14:11, Isus nam govori, "Vjerujte mi, da sam ja u Ocu, i da je Otac u meni. Ako li ne, vjerujte mi zbog samih djela". U Ponovljenom zakonu 18:22 nalazimo "Ako se ono, što prorok govori u ime moje, ne zbude i ne ispuni, to je riječ, koje nije rekao Gospod. Drsko ju je izgovorio prorok. Ništa ga se ne boj!" Ja se nadam da ćeš razumjeti Božju providnost kroz moć i proročanstva prikazana i otkrivena u Manmin Centralnoj Crkvi.

U ostvarenju Njegove providnosti kroz Manmin Centralnu Crkvu u zadnjim danima, Bog nije dao toj crkvi oživljenje i moć preko noći. On nas je trenirao više od dvadeset godina. Kao penjanje visoke i strme planine i jedrenje kroz visoke valove uzburkanog mora, On nas je opetovano vodio kroz iskušenja sa čvrstom vjerom, pripremio lađe koje mogu ispuniti svjetovnu misiju.

To vrijedi za svakog od vas također. Vjera sa kojom se ulazi u Novi Jeruzalem se ne razvija ili naraste preko noći; ti uvijek moraš biti budan i pripremljen za dan povratka našeg Gospoda. Iznad svega, uništi zidove grijeha, i sa nemijenjajućom i vatrenom vjerom trči prema nebu. Kada se krećeš naprijed sa takvom vrstom nemijenjajućim stavom, Bog će bez sumnje blagosloviti tvoju dušu i odgovorit na želje tvojeg srca. Nadalje, Bog će ti dati duhovnu sposobnost i autoritet kroz koji ćeš moći biti korišten kao Njegova vrijedna lađa u Njegovoj providnosti zadnjih dana.

Neka svatko od vas bude spreman u svojoj vatrenoj vjeri dok se naš Gospod vrati i ponovo ga sretnemo u vječnom nebu i u gradu Novom Jeruzalemu, u ime našeg Gospoda Isusa Krista ja se molim!

Autor
Dr. Jaerock Lee

Dr. Jaerock Lee je rođen u Muan, Jeonnam provinciji Republici Koreji u 1943. U svojim dvadesetim godinama sedam je godina patio od niza neizlječivih bolesti te je čekao smrt bez ikakve nade u oporavak. Međutim, jednoga dana u proljeće 1974. godine njegova ga je sestra dovela u crkvu i kada je kleknuo da moli, živi Bog ga je trenutno iscijelio od svih bolesti.

Od tog trenutka, kada se susreo s živim Bogom kroz to predivno iskustvo, Dr. Lee je volio Boga svim svojim srcem te je 1978. godine pozvan da bude Božji sluga. Žarko je molio te proveo mnogo vremena u postu kako bi mogao jasno razumjeti Božju volju, u potpunosti je provesti i biti poslušan Riječi Božjoj. Godine 1982. Osnovao je Manmin Central Church u Seulu u kojoj su se od tada dogodila nebrojena čudesna ozdravljenja te druga čuda i znakovi.

Godine 1986. Dr. Lee je zareden za pastora Annual Assembly of Jesus Church u Koreji, a četiri godine kasnije, njegove su propovijedi emitirane u Australiji, Rusiji i na Filipinima i mnogim drugima kroz tvrke emitiraja Daleki Istok, Azijske stanice emitirana i Washington kršćanska radijska stanica.

Godine 1993., tri godine nakon prve prvog emitiranja, Manmin Central Church izabrana je među „50 najuspješnijih crkava na svijetu" prema odabiru časopisa Christian World Magazin (Kršćanski svijet) te je pastoru Leeju Christian Faith College s Floride u SAD-u dodijelio titulu počasnog doktora teologije. Godine 1996. na Kingsway Theological Seminary u Iowi u SAD-u Dr. Lee je primio doktorsku titulu iz područja kršćanskog služenja.

Od 1993. Dr. Lee je vodio evangelizacije u mnogim udaljenim mjestima kao što su: Tanzanija, Argentina, Los Angeles, Baltimore, Hawai, New York, Uganda, Japan, Pakistan, Kenija, Filipini, Honduras, Indija, Rusija, Njemačka, Peru, Demokratska Republika Kongo i Izrael. U 2002. godini je prozvan "svjetskim pastorom" od strane velikih kršćanskih novina u Koreji za svoj rad u raznim inozemnim Velikim ujedinjenim pohodima.

Od listopada 2010. Manmin Central Church broji više od 100 000 članova. Postoje 9 000 crkava kćeri diljem svijeta, uključujući 26 u Koreji. Više od 132 misionara poslano je u 23 zemlje uključujući Sjedinjenje Američke Države, Rusiju, Kanadu, Japan, Kinu, Francusku, Indiju, Keniju i mnoge druge.

Što se tiče njegove izdavačke djelatnosti, Dr. Lee je izdao 60 knjiga uključujući bestsellere: Tasting eternal Life Before Death (Okusiti vječni život prije smrti), My Life My Faith I&II (Moj život, moja vjera I&II), The Message of the Cross (Poruka križa), Heaven I&II (Nebo I&II), Hell (Pakao) i Power of God (Božja sila). Njegova su djela prevedena na 44 jezika.

Njegove kršćanske kolumne pojavljuju se u novinama i časopisima: The Hankook Ilbo, The Joongang Daily, The Chosun Ilbo, The Dong- A Ilbo, The Munhwa Ilbo, The Seul Shinmun, The Kyungyang Shinmun, The Korean Economic Daily, The Koerea Herald, The Shisa News i The Christian Press.

predsjednik The United Holiness Church of Jesus Christ (Ujedninjene crkve svetosti Isusa Krista); predsjednik Manmin Word Mission (Organizacije za svjetsku misiju Manmin); doživotni predsjednik The World Christianity Revival Mission Association (Svjetsko misijsko udruženje za probuđenje unutar kršćanstva), osnivač i član odbora Global Christian Network – GCN (Globalne kršćanske mreže), osnivač i član odbora World Christian Doctors Network – WCDN (Svjetske mreže kršćanski liječnika) te osnivač i član odbora Manmin International Seminary – MIS, (Međunarodnog teološkog fakulteta Manmin).

Ostale moćne knjige istog autora

Raj I & II

Podrobna skica božanske životne okoline u kojoj uživaju stanovnici raja i prekrasan opis različitih razina nebeskog kraljevstva.

Poruka Križa

Moćna poruka razbuđivanja za sve ljude koji su u duhovnom snu! U ovoj ćete knjizi pronaći razlog zašto je Isus naš jedini Spasitelj i iskrenu Božju ljubav.

Pakao

Ozbiljna poruka cijelom čovječanstvu od Boga, koji ne želi da čak i jedna duša padne u dubine pakla! Otkrit ćete nikada prije objavljeni opis surove stvarnosti Hada i pakla.

Duh, Duša, i Tijelo I & II

Kroz duhovno razumijevanje duha, duše, i tijela, koje su komponente ljudi, čitatelji se mogu zagledati u sebe i dobiti uvid u sam život.

www.ingramcontent.com/pod-product-compliance
Lightning Source LLC
LaVergne TN
LVHW021812060526
838201LV00058B/3355